I0139298

(attribué à Vinet)

a avoir p.t le fou —

4

1110

Discours non plus

MELANCOLIQVES QVE DIVERS,
de choses mesmement, qui appartiennent
a notre FRANCE: & a la fin La maniere de
bien & iustement entoucher les Lucs &
Guiternes.

A POITIERS,
De l'imprimerie d'Enguilbert de Marnef.
1556
Auec priuilege du Roy.

P A R priuilege du Roy, donné a Enguilbert de Marnef, eſt permis d'Imprimer & vendre le preſent liure intitulé le Diſcours non plus Melancolique que diuers, de choſes meſmement, qui appartien‑ nent a noſtre France: & a la fin La maniere de bien & iuſtement entoucher les Lucs & Guiternes. & defenſes a tous autres de non en vendre ni impri‑ mer autres que ceus imprimés par ledit de Marnef, iuſques au temps de cinq ans, a compter du temps qu'il ſeront parcheués d'Imprimer : ſoubs les p ei‑ nes contenues par lettres ſur ce faittes, données a Eſcoan, le ſeptieſme de Mars 1 5 4 7. Par le Roy, Maiſtre François de Connan, maiſtre des Requeſ‑ tes de l'hoſtel preſent : ſignées Coefier: & ſéeles du du grand ſeel ſur ſimple queuë.

ENGVILBERT DE MARNEF IMPRIMEVR AV LECTEVR SALVT.

I E te donne ici vn liure, ami lecteur, lequel ie ne puis aſſurer qu'il te ſoit nouueau ni tout ni partie : pource que partie d'icelluy a eſté par cy deuant imprimée, & l'autre tu la puis auoir veüe eſcritte par cy deuant, auſsi bien que moy, qui n'ay recouuré cecy tout a vn coup, mais a pieces & lopins, par long eſpace d'années, de diuerſes mains, & de maintes parts. Car tu ſçais (ce croy je) aſſés, combien noſtre Vniuerſité eſt fameuſe & hantée : & pource tu ne doutes qu'outre ceus du lieu, il ne ſy trouue vne fois l'année bon nombre de gens ſauants. Or les gens de lettres, & ceus de mon eſtat, ne ſe peuuent guere bien paſſer les vns des autres : parquoy tu puis penſer, qu'il m'eſt aiſé d'auoir prins connoiſſance d'une infinité d'hommes de ſauoir en ceſte ville, par le moien de ma boutique. D'auantage, je te dirai cela de moi, que i'aime & eſtime les gens ſauants autant que peut faire vn autre, de ſorte que je les cherche & abordé volontiers, ſi je ſens que quelque part y en aye aucun, qui ſoit tel, que les Lettres ont accouſtumé de faire les meurs des hommes. Tu croiras donques aifément, que Dieu m'a fait cete grace, que i'ai aquis en cefte ville la connoiffance & amitié de prou de gens fauans de maintes nations : plufieurs defquels ne m'ont rien celé, qui fuft en leurs coffres & eftudes. Ainfi ay recouuré les difcours, dont eft fait ce liure, & maints autres efcrits, & labeurs diuers de plufieurs (il a defia long temps, qu'as commancé a voir fortir toufjours quelque cas de nouueau de ma boutique) aucuneffois des aucteurs mefmes, aucuneffois d'autres que des aucteurs, qui auoient cela retiré des aucteurs, ou en quelque autre forte leur eftoit venu entre les mains, fans fauoir rien des aucteurs. Car il n'y a chofe par laquelle on puiffe mieus iuger du fauoir d'un homme, que par fes efcrits : & tu connois tel, que tu eftimes fort a loüir parler, lequel tu ne priferois tant, fi tu auois quelque efcrit de lui, que tu peuffes voir, lire, & goufter a loifir. Voila pourquoi de plufieurs, que nous eftimons beaucoup aujourdhui en toute forte de fauoir (je ne veus ici nommer perfonne) les vns ne parlent que des efpaules, & les autres, f'ils parlent prou, pour le moins ils ne mettent en lumiere efcrit, qui foit leur : ou f'ils le font, c'eft fans leur nom. Dauantage il y a des gens, qui vfent de cette fineffe, qu'ils publi-

ent premierement leurs ouurages par impreſſiõ ou
autrement, ſans ſ'y donner à conſoiltre, pour ouïr
là a leur aiſe, & ſans d'anger, le jugement des gens,
comme Apellés faiſoit, muſſé derriere ſes peintu-
res: puis, corrigent & changent ce qu'il voient n'eſtre trouué bon, & apres les publient auec leur nom.
Ainſi (peut eſtre) a deliberé de faire l'aucteur de ce
liure (ou aucteurs, que je ne failhe. car ie ne veus ici
iurer, que tout ſoit d'un homme) lequel ie penſe (qui
conques il ſoit) ne me ſaura mauuais gré, qu'apres
auoir eu long temps gardé cecy, entre mes papiers,
ie l'aie finalement ainſi imprimé & publié, pour le
plaiſir & profit, que i'ai eſtimé que tous noz François y pourroient prendre.   Adieu.
De Poitiers ce 13. May 1556.

Table des choses contenues en ce liure.

Fin de la Table.

Ce luire est conposé du temps
de paul le tierce pape... on
oy... peut voir en la page 24:

De nos hiſtoriens qui cherchènt l'origine des Gau-
lois & François,　　　　*Chapitre*　*1.*

ᴇ s Philoſophes veulent ſcauoir les cau-
L　　ſes & commancemens de toutes cho-
　　　ſes, quoy que cela ſoit a eus difficile : &
nos hiſtoriens auſſi les origines & ſources de tous
nos Gaulois & François, quoy que cela ſoit entierement hors de leur pouuoir.　Mais ſi ont ils bonne grace ce pendant, car ils ſe diſent tenir ie ne ſçay
quoy des Poëtes & des Paintres, & eſtre de leur
confrairie, auſquels Orace dit en ſon art de Poëſie,
auoir de toute ancienneté eſté permis de mentir en
arracheur de dens : par le moien de laquelle imme-
morable préſcription, quand noſdits hiſtoriens ne
ſçauent ou ils ſont de leurs heures, ils ne vous font
que dire la belle petite oraiſon,

　　Mouſai Pieriethen,　　　　ou
　　Eſpete nun moi Mouſai,　ou
　　Quis deus ô Muſæ,　　　　ou
quelque autre telle : & ſoudain n'y a Apollo, Mu-
ſe, ni pie, en toute l'Italie, Grece, Armenie, Surie,
Egypte, bref, ni deſſus ni deſſoubs cete boule,
qui eſt toute tant mangee de ras, qui ne leur coure
gazouilher au ventre toutes les verités du liure des
quenoilhes : il n'i a Pariſiens qui, ne ſortent du

Grec parrhefia, acaufe qu'aus femmes de Paris ne
gela encores iamais le bec, qu'on fache : ni Lutetia, qui ne foit Leucotechia, acaufe que les murs &
parois de Paris font tous de plaftre , & par ce moyen leuca, c'eft a dire blancs. Libourne fur la Dor-
dogne, pas plus en Perigort, que Berbezil en An-
goumois, a efté baftie par les Liburniens, qui vindrent en la Gaule auecques Hercules : de forte qu'elle eft plus ancienne de beaucoup que Rome, iaçoit
que les guerres des François & Anglois pour la
Guienne, l'aient baftie : Remus fait Reins auprés
des hanches , & Tournay jouftes : le Trect vient
d'arbelefte, Treues de guerre, Poitiers de p'oi premier & de p'oi fegond : & cætera, nouuelles mer-
uelheufement frefches & plaifantes pour attacher á
celles de Meffer Bocacio, fondees prefques toutes
fur le gentil Berofe (fil eft poffible que ce Berofe
grand Philofophe, que les anciens nous alleguent,
aye efcrit telles frenaifies) fur vn Xenophon equi-
uocateur, fur je ne fçay quel Manethon & aultres
tels : & defpuis peu appuyees d'un Iean de Viterbe,
d'vn autre plus que frere Iean, furnommé le Mai-
re, & d'aultres encores plus nouueaus, que ne doy
nommer, autant grans ioueurs de rebec, qu'Hip-
pocrene en piffa jamais : lefquels entre autres bon-

nes chofes, ont fait cela de galant, qu'ils ont tiré du
fang de ces gentils de Troiens, voire maugré nature, non feulement les Françoys, qui ne fortirent
de la Germanie, que mardi eut onze ans, mais auffi nos grans peres les Gaulois : comme que cela eftoit autant bien conuenant aufdits Gaulois &
François, qu'aus Romains & autres, qui fe ven—
toient par trop brauement, eftre defcendus du
grand Dieu Iupiter, de la belle commere Venus,
d'Enee & de tels autres. Eft-ce pas cela fongé bien
creus? Que pleuft au bon Dieu, lequel eft par le
bon Hebrieu appellé le Dieu des Dieus, que ces
beaus jafeurs euffent prefché telles origines en no—
ftre Gaule, au temps que les bons Druides y a-
uoient credit: Vous eufsiés veu en mon auis, qu'on
euft fait de gentils facrifices de leur ceruelle (f'ils en
ont les bons feigneurs) au grand Dieu & pere de
richeffes Dis, duquel tenoient lefdits Druides, &
difoiët les Gaulois eftre fortis, comme conte Cefar
au fiziefme liure de fes memoires de nous guerres.
Que les Gaulois de l'hors euffent jamais enduré le
defhonneur d'eftre dis iffus du couart Paris? de la
trahifon d'Enee, d'Antenor? de là vous m'entendes
bien de Gauymedes, quelque puifsáce qu'euft pour
l'hors monfieur Iupiter? plus-toft mourir: ores qu'-

Hector aye defié le plus fort des Gregeois , & que
Caſſandre la belle aye eſte tant rebelle & obſtinee,
que de refuſer le Dieu Apolin. Ce ſeroit vn mout
grand bien pour la choſe publique , que ces gentils
eſcriuans euſſent auſsi belle enuie de ſe taire & re—
pouſer, que de mettre tels ſonges par eſcript: pour
monſtrer qu'ils ſçauent je ne ſçai quoi de bon plus
que les autres.

Des noms des jours de la Semaine
Chapitre   2.

N O V s liſons aus Saints liures des Ebrieux, que
Dieu fit ce grãd œuure, que nous appellons le Monde & tout ce qui eſt en luy, en ſix jours, & le ſeptieſme jour il ſe repouſa, & dedia ce iour là a repos:
de ſorte qu'aus Ebrieus que nous appellons autrement Enfans d'Iſrael & Iuifs, eſtoit commandé de
beſongner ſix jours , & le ſeptieſme choumer: le—
lequel jour ſeptieſme ils appelloient le jour de Sabbat ou Sabbat. lequel nom Sabbat ſignifie en leur
langage, ce, que deſpuis ont dit les Chreſtiens Latins Feria, qui eſt a dir , repos ou choumer. autre
raiſon de ce nom ne deuons chercher. Or je ne
ſçay point, ſ'l y a eu autres nations , qui aient en cela ſuiui l'ordonnance des Iuifs, mais bien vous aſ-

fure je , que ni les Gregeois, ni les Latins ne le firent
jamais , que nous lifons , finon defpuis qu'il y a eu
Chreftiens. Les Chreftiens donques , a la mode
des Iuifs, ont ordonné entr'eus par toute la Chre-
ftienté, que de fept jours, les fis fuffent ouurables, &
le dernier , qu'on le choumaft , pour & affin que
toutes œuures terriennes leffees , ils fe peuffent ce
jour là affembler tous en quelque lieu a cela ordonné, pour illec ouir du miniftre de l'eglife , meffes &
ce qu'ils doiuent fcauoir & entendre de leur foi &
religion : & auffi pour faire oraifon a Dieu tous en-
femble comme freres par IESVS CHRIST. Ils
ont en ce point defuoié de l'ordonnance des Iuifs,
que le jour de leur Sabbat (c'eft entre nous le Dimanche) ils ne l'ont pas plus voulu nommer Sabbat, ni ne l'ont prins a tel jour, que l'auoient lefdits
Iuifs , mais au lendemain d'icelui : & ce pluftoft ce
jour là qu'autre jour , pour quelques raifons qu'alleguent les Theologiens, mais principalement a caufe que ce fut le lendemain du Sabbat des Iuifs que
Iefus l'autheur de noftre religion Chreftienne ref-
fufcita: lequel jour doit plus que nul autre eftre fan-
ctifié & remembré par nous Chreftiens. Ainfi fe
peut entendre, pour quelle raifon fe diuifent aujour-
duy les jours par fept, lequel nombre de fept jours

nous appellons femaine en noftre Roman Gaulois, les Italiens Setimana, & les Efpagnols Sema-
na ou Somana : lefquels nous viennent du latin
Septimanus (feptem vaut a dire fept, dont eft def-
cendu feptimus, qui fignifie feptiefme : & de fe-
ptima, feptimanus qui eft proprement a dire cellui
qui eft de la bande ou legion feptiefme &c.) jaçoit
que le Septimana n'aie telle fignification en Latin:&
que ny les Latins ni les Gregeois anciens n'aient jamais (qu'on puiffe fçauoir.) diuifé ainfi leurs jours
par fept. Mais maintenant touchant les jours de
la Semaine, qui dirons nous, qui les a ainfi nommés du nom des Planetes & Dieus des paiens idolatres, comme les appellent aujourdui prefque toutes les nations que j'ay peu voir & cognoiftre en
ma vie? Car premierement les anciens Gregeois &
Latins, d'efquels les autres pourroient auoir prins
quelque chofe, ne nommerent jamais les jours en
cete forte. Segondement on ne peut dire que les
Iuifs les aient ainfi nommés, ni les Chreftiens aufsi,
quelque chofe qu'aucuns veuilhent dire, non tant
pour ce que telle fuperftition eft entierement contraire a la foy tant des Iuifs que des Chreftiens, que
pource qu'auons aus faints liures, que les Iuifs appelloient non de ces noms des Planetes, mais du

nom de Sabbat aufsi bien les fix jours ouurables de
la femaine, que le jour qui eftoit vraiement Sabbat,
comme verrés cy apres : & que Saint Auguftin &
autres bons docteurs de fon temps & de deuant lui,
monftrerent clerement, que les premiers peres
Chreftiens nommoient les jours de la Semaine ainfi que verrés cy bas, que font aujourdui les Portugalois. Ie me fuis certes mout enquis, & ay cherché
en beaucoup de lieus, dont venoit cela, qu'on ap-
peloit ainfi les jours, & ay fort defiré fçauoir, quand
on les auoit commancé d'appeller ainfi : mais je
n'en ay jamais peu rien trouuer es anciens efcrits,
quelque chofe que Beda l'Anglois en conte : finon
qu'il y a plus de quatorze ou quinze cens ans (j'euffe chanté paraduenture plus haut, fi je pouuois entendre le lieu du Poete Tibulle, que Politian alegue
au chapitre viij. des Mifcellanees) qu'ils auoient tels
noms : ce que cognoitrés non feulement par les liures des bons peres & docteurs de noftre Eglife,
qui ont efcrit du temps de s. Auguftin & deuant,
difant ledit Auguftin fur le pfeaume 8 o. ou 9 3.
(j'ai afsés mauuaife memoire) & ailheurs, tels noms
de jours eftre venus des Paiens & Infideles : mais
aufsi par le tefmoignage de Iule Frontin homme latin, au chapitre premier du fegond liure des Rufes

de Guerre, & Dion Gregeois au *3 7*. liure de son histoire Romaine, qu'il a escritte enuiron l'an cc. apres l'incarnation (Frontin peut auoir esté quelque cent ans deuant) comme se cognoistra par ses escripts : lequel Dion est là en aussi grand esmai que moy icy, touchant cet affaire, & n'en dit d'auantage sinon qu'il pense, qu'il n'eust pas long temps deuant luy, que tels noms eussent este donnés aus jours, pour ce que, (comme j'ay dit deuant) les anciens & premiers auteurs Gregeois & Latins n'en faisoient aucune mention : & assure cet homme là, que cete superstition est sortie des Egyptiens, lesquels ont tousjours esté grands clercs & superstitieus astrologues. Mais voions, si ce que j'ay dit deuant, n'est pas vray, c'est asçauoir, que les jours sont nommés, mesmes aujourdui, des noms des Planettes, presque par touts les païs, que cognoissons.

Ici se mettront les noms des jours de la Semaine.

Les Iuifs

Les Iuifs les nommoient jadis en ceste sorte, en leur langage,	Les Romains Chretiens jadis,	Les Portugalois aujourdui,	Les Castillans aujourdui,	Les Gaulois & François	Italiens,	Alemans,	Bretons,	Basques,
Prima Sabbati,	Dominica dies,	Domingo,	Domingo,	Dimanche,	Domenica,	Sondach,	Dei Suul,	Igándea,
Secunda Sabbati,	Secunda Feria,	Secunda Feira,	Lunes,	Lundi,	Lunedi,	Maendach,	Dei luun,	Astelehéna,
Tertia Sabbati,	Tertia Feria,	Terça Feira,	Martes,	Mardi,	Martedi,	Dingsdach,	Dei meurs,	Asteártea,
Quarta Sabbati,	Quarta Feria,	Quarta Feira,	Miercoles,	Mercredi,	Mercordi,	Goedsdach,	Dei mergher,	Asteásquena,
Quinta Sabbati,	Quinta Feria,	Quinta Feira,	Iueues,	Ieudi,	Giouedi,	Dönersdach	Dei hiou,	Orseguná,
Sexta Sabbati,	Sexta Feria,	Sesta Feira,	Viernes,	Vendredi,	Venerdi,	Ffridach,	Dei guener,	Orsilárea,
Sabbatum.	Sabbatum.	Sábado.	Sabado.	Samedi.	Sábato.	Sattersdach.	Dei sadorn.	Larúmbata.

Ceus cy ſuffiront pour prouuer noſtre affaire,
leſquels ont beaucoup de voiſins & alliés, qui au‐
iourdui parlent comme eus, ou pour le moins y a
peu a dire. Des noms des Gregeois & Latins du
dernier temps ne pouués douter, veu l'autorité du‐
dit Dion, Beda & d'autres qu'auons alegués deuant,
joint que les noms des Caſtilhans, Italiens, & Gau‐
lois, tirés des Latins, monſtrent aſsés, comment
leſdits Latins appelloient leurs jours, ſinon qu'aus
premier, & dernier, là ou ils diſoient *Solis dies*, &
Saturni dies (les autres Planetes ſont *Luna, Mars,
Mercurius, Iupiter, Uenus*) nous auons prins les
deus noms de l'egliſe & ordonnance des premiers
Chreſtiens, qui ſont *Dominica* & *Sabbatum*, que
leſdits Chreſtiens ont voulu ainſi appeller pluſtoſt
que *prima feria*, & *ſeptima feria*, pour memoire, le
premier du jour de la reſurrection du ſeigneur, c'eſt
a dire de IESVS CHRIST, & l'autre, du jour du
Sabbat, que les Iuifz choumoient, tant renommé
en tous les liures ſaints : au demourant, enſuiuants
leſdits Chreſtiens la mode des Iuifs en l'appellation
de leurs jours, ce que ledit Beda dit au liure *De
temporibus & Rerum natura*, auoir eſté premiere‐
ment ordonné par le pape Sauueſtre premier de
ce nom, du temps de l'Empereur Conſtantin le

L

le grand, apres l'incarnation enuiron l'an trois cents
& vingt. Les Bretons & Alemans ont ce nonob-
stant ces jours là tenu bon, & n'ont rien changé
en mon auis : Car Deisuul & Deisadorn, Sondach & Satterſdach, qui font Dimanche & Samedi
en leur langage, font noms compoſés, deſquels les
ſyllabes dach & dei ſignifient jour, leſquelles vous
voiés en tous leurs jours, comme di en les noſtres
& Italiens preſque tous : lequel di eſt là au lieu de
Dies, qui vaut auſsi adire jour, de maniere que le
Samedi des Alemans Satterſdach, ou comme aucuns prononcent Satturſdach, & celluy des Bretons
Deiſadorn, eſt a dire jour de Saturne, vſant icy (ce
me ſemble) & alheurs auſsi, l'Alemant & Breton,
d'aucuns mots Latins en leur lãgage, auſsi bien que
beaucoup d'autres nations, jaçoit que non tant, que
nous, ni que les Italiens & Eſpagnols, qui ſommes
quaſi entierement Latins : & Dimanche Sondach
& Deiſuul jour de Sol, car Son vaut a dire Sol ou
ſoleil en Alemant, & ſuul des Bretons eſt Latin dudit nom Sol, auſsi bien que tous les aultres prins
des noms Latins des Planetes, comme chacun peut
voir & entendre ſans autre truchement. Mais pour-
ſuiuons d'eſpelucher les noms des Alemans, qui
ſont beaucoup plus eſtranges du Latin. Leur ven-

dredi Vvridach ou ffridach ſera a dire *Veneris dies*,
& leur Ieudi Donnerſdach jour de tonnoirre,par ce
mot entendant Iupiter, lequel croioient les anciens
paiens fere la hault au ciel & en l'air les tonnoirres,
comme ſi diziés jour de tonnant : & leur Lundi
Maendach, *Lunæ dies*, car Maen en leur langage ſignifie la Lune. Mais leur Mardi Dingſdach, & leur
Mercredi Goedſdach,je ne ſçay,ſ'il y a Alemant,qui
puiſſe aujourdui dire dont ils ſont compoſés. Que
ſ'ils ſont prins des noms des autres Planetes , comme il eſt vrai ſemblable , tels noms ſe ſont perdus
en ce païs là, auſſi bien que l'idolatrie de leur Mer-
cure Thentates & de leur Thuiſco, deſpuis que le
nom & religion de IESVS CHRIST y ont eſté
receus. Touteſſois je vous aduertis qu'on n'uſe de
tels noms par toute l'Alemagne , mais on en change les vns entierement, les autres en quelques lettres ſeulement. Quant eſt des noms des Baſques
leſquels Baſques ſont vne partie de ceus que les
anciens Geographes appellent *Vaſcones* es monts
qui diuiſent la Gaule de l'Eſpagne , je croi bien,
qu'ils pourroient ſignifier quelque choſe, & me
ſemblent eſtre la pluſpart compouſés : mais certes
quelque expoſition qu'on veilhe donner des trois
premiers,je n'i puis rien voir, qui me contente.

C E que les anciens Latins appelloient jadis *Africa,* nous l'appellons aujourdui Barbarie, de laquelle la partie ou est le coing que fait la mer Mediterranee auecque l'Ocean s'appelloit *Mauritania,* & l'homme de ce païs là *Maurus.* Ie ne doute point que nostre More & le Moro des Espagnols ne soit venu de ce *Maurus,* mais si en abusons nous, toutesfois & eus aussi. Car nous, nous appellons More tout homme qui est noir comme les Ethiopiens & Indiens de la Zone chaude, & autres des terres nouuellement trouuees, ores que les *Mauri,* ou Mores de Mauritanie ne soient communement gueres plus bruns que les Espagnols, qui sont leurs voisins, separés d'eus par vne mer, qui n'a pas trois lieues de large, tel endroit y a il; comme vous dira Pline: & les Espagnols ils appellent Moros non seulement les gens de ladite Mauritanie, leursdits voisins, qui font comme on me dit, Machometistes, mais aussi tous ceus qui ne sont ni Iuifs ni Chrestiens, de quelque païs, qu'ils soient.

Histoire d'Hercules, Pyrene, Bebrix Brettan,
Celtine, Celte, Gaule Celtique,   *Chap.* 4.

LES grans peres de ceus qui ont escrit les par
trop veritables histoires de Fierabras, d'Artus de
Bretaigne, de Valentin & Orson, des quatre fils Ai-
mon (qui fut leur pere?) & telles aultres, ont iasé
merueilhe d'un je ne sçai qui, qu'ils appellent Hercules (si toutefois n'en y a qu'un, car pour vn en
trouuerés six au *3*. liure de Ciceron de la Nature des Dieus, & autres y a, qui en mettent encores
plus grand nombre) entre autres grans faits duquel
ont fort renommé & loué les merueilheus effors de
sa braguette, pour ce qu'en cela il a euidemment
monstré qu'il ne pouuoit estre fils d'autre que du seigneur Iuppiter, lequel Iuppiter, tant qu'il a regné,
n'a lessé en toute ceste machine ronde, Deesse, Nym
phe, Dame, Damoiselle, ni autre femme ni fille
quelconque, pour peu de beauté qu'elle eust, qu'il
ne l'aie mesuree a son sceptre, ores que le bougre
eust Ganymedes pour son ordinaire. Ie vous veus
donques ici ramenteuoir deus histoires sur le fait
de cet Hercules, pour l'antiquité de nostre Gaule,
lesquelles sont côtées par Parthene Gregeois en ses
Amouretes, & Sile Poëte Latin en son troiziesme
liure, & autres auteurs anciens : dont l'une est, qu'-
Hercules allant de Grece en Espagne, pour pilher
Gerion, & passant par la Gaule, vint herberger

chés vn Seigneur du païs nommé Bebrix, homme puiſſant demourant es montagnes qui ſont entre la Gaule & l'Eſpagne, qui auoit vne belle fille nom-mee Pyrene, laquelle Hercules n'euſt pas ſi toſt veuë qu'il en fut amoureus, & la vous mena ſibeau auec-que belle promeſſes de mariage qu'il l'engroſſa, puis reprint ſon chemin : & ſon entrepriſe executee, ſ'en retourna la reuoir, laquelle auoit pendant ſon voiage enfanté, vn. deuinés quoy? vn beau petit jo-li ſerpenteau, &

    De ceſte race ſerpentine
    Eſt deſcendue Meluſine.

Pyrene donques de honte & horreur de ce, & de crainte du Roy ſon pere Bebrix, ſ'en eſtoit la pau-urete fuïe, & cachee es bois, buiſſons, foureſts & ro-chers de la montagne. Or penſoit bien ce gal-lant fere encores quelque trançon de bonne chere & joieus ſejour aueque la jeune commere : mais quand il entendit qu'elle ſ'eſtoit ainſi perdue, & lui apres, & de chaſſer par toute la montagne, de cher-cher, de crier, de hucher, a tueteſte, Pyrene, Pyre-ne. Bref les ours l'auoient deuoree, il n'en peut jamais trouuer que les abilhemens, & quelques os, & ſes blonds cheueus. O qu'il hurla lors par ces rochers le pauure deſconforté; mais touteſſois ſi ne

peut il donner meilheur ordre a ce defaftre, quand
il eut bien tout aduifé, que d'amaffer les pauures re-
ftes les faire brufler, & enterrer les cendres a la trote
qui modoit lors : & ordonner pour l'immortali-
té, que le nom de la belle aus yeus vers , demouraft
a cete effraiable montagne, a tout jamais: au moien
dequoy les Gregeois & Latins l'ont defpuis apellee
Pyrene ou mons Pyrenees , pour ce que diriés a-
uoir là plufieurs montagnes, non vne feulle. Touteffois je vous dirai, fi ne voulés croire, que ce nom
foit venu de là, prenés pour argent contant, ce que
dit Diodore le Sicilien au fiziefme liure de fa librai-
rie , que quelques pafteurs mirent vne fois le feu
en cefte montagne, (croiés que c'etoit pour fere
fondre les neges) lequel y dura je ne fçai combien
de mile ans (on y en voit encores aujourdui) deuant
qu'auoir bruflé tout le bois , qui eftoit là , courant
par tout : & qu'ainfi fut nommee la montagne Pyrene de ce nom Gregeois *pyr*, qui fignifie feu. Ie
fçai bien meilheure raifon encores de ce nom , qui
me voudroit payer : mais reuenons a nos mou-
tons.

L'autre compte qu'on fait d'Hercules , ne vaut
pas moins que le premier, & eft que le pauure de-
folé de la mort & mefmement telle de f'amie Py-

rene, partant des terres de Bebrix auéque le troupeau qu'il auoit oté au susdit Gerion (c'estoient de
bien belles vaches) & tenant son chemin vers l'Italie ou la Germanie, vint se refreschir chés vn Roy de
Gaule & des isles prochaines nomme Brettan, dont
est venu le nom de Bretagne, j'enten & est a dire
de l'isle que les Anglois ont despuis otée aus Bret-
tons, laquelle nous nommôs pour le jourdui Angleterre, premierement appellée, Albion, comme dit
Ptolemee, & autres anciens : lequel Roy Brettan
auoit aussi vne galáte filhe, & de bon vouloir, qu'on
nommoit Celtine : laquelle aussi tost qu'eut veu ce
beau ribaut d'Hercules, entra en si enragee amour,
qu'elle luy fit finement cacher sa proie, & s'en vint
sans plus languir tout droit, luy dire elle mesme
(il ne luy estoit besoing d'autre truchement, car en
ce temps là nous sçauions tous parler Gregeois en
Gaule) Beau Cousin, le bruit est, qu'estes le plus
excellant champion du monde, et le plus ferme.
Or je vous aime comme vne desesperee, & faut
que m'accolés, si voulés sçauoir nouuelles de voz
veaus. Ce bon vacher aimoit bien ses bestes, mais
plustost perdre tout l'honneur, qu'il auoit aquis de
la conqueste d'Espagne, que refuser & esconduire
la tant ciuile requeste de ladite suppliante. Con-
clusion

clufion il s'encrucha deffus pour voir fes beufs de
plus loing, &

 Incontinant les lettres veuës
 Ses vaches luy furent rendues:
puis au trot, fouet. Madame Celtine fit fi bien fon
profit de cet amour, que dedans quelques mois en
fortit vn beau petit filhot, qu'on nomma Celte, qui fut apres Roi en la Gaule, & du nom duquel furent defpuis les Gaulois appellés Celtes,
& la Gaule Celtique, ce jurent jls. Vous ne dou-
tés point que plufieurs autres telles galhardes prou-
effes n'aie fait ce gentil Hercules, aueque fa ri-
boule, je di encores en noftre Gaule: mais il vaut
mieus fe taire du tout, que ne conter, comme elle
merite, la glorieufe hiftoire de la blanche Galathee.

Des Grammeriens François, *Chap.* *5.*

GRAMMA eft vn mot Grec, qui vaut autant a
dire que lettre: duquel a efté tiré *Grammaticos*, qui
eft ce que difons Grammarien, par lequel nom nous
entendons cellui qui enfeigne les lettres, & qui en
expofant les liures ou autrement, regarde les figni-
fications des mots, leur vfage, & affemblement:
puis l'enfeigne ou de bouche ou par efcrit: dont fe
fait ce que nous auons par cy deuant appellé l'art de

Grammaire, & qu'aucuns commancent aujourduí
appeller Grammatique. Si vous aués jamais eftu-
dié en Hebrieu, ou en Grec, ou en Latin, vous fçaués afsés, quel art c'eft : car en ces langages là y en
a infinis liures, les vns faits tout frefchement, les autres de bien long temps, touteffois beaucoup apres
lefdites langues trouuees : Car il n'y a pas eu gens,
qui fiffent meftier de Grammaire tout foudain que
les langages ont efté nés, ni n'eft pas neceffaire que
les premiers qui fe font meflés de ceft art, en ayent
fait incontinãt des liures. Suetone dit que Romme
a efté plus de cinq cens cinquante ans, premier qu'il
fut là bruit de Grammaire : & fi auoit mout long
temps, que le langage Latin eftoit trouué, deuant
que Romme fuft. Et noftre Gaule combien a il
qu'elle s'eft prinfe a jargonner ce Roman? plus de
quinze cens ans. & touteffois je ne voy que de fi
long temps nous y aions eu des Grammariens, &
encores moins de liures de Grammaire. Quant eft
de moy, les premiers que jamais en aye veu ont efté
faits de mon temps : mais je vous affure, puis qu'on
eft vne fois en train, que vous en aurés prou, on re-
compenfera hardiment le defaut du temps pafsé :
Que fi j'auois loifir & le propos ne fut long, je vous
dirois icy ce que me femble de ce qu'on a fait juf-

ques a l'heure presente. car d'autant que l'art de
Grammaire est vne bonne chose, mais fort mal plai-
sante & qui m'a fait maintessois monstrer le cul au
vilain qui sotement me l'enseignoit, ie voudrois que
nos François l'enseignassent vn peu plus sagement,
& de meilheure grace & maniere plus aisee qu'ils ne
font : qu'ils s'accordassent de quel langage de nostre
Gaule ils veulent faire Grammaire, & que tous l'en-
tendissent bien, n'i meslassent rien de leur terroer,
se curassent fort bien les oreilhes pour cõgnoistre la
prononciation & accent, car je ne veus qu'on me
die que les Espagnols prononcent ch & x tout d'u-
ne sorte en ces mots *hechar* & *dexar* : ne cherchas-
sent cinq pieds en vn mouton qui n'en a que quatre. Car a quoy seruent huit ou dix parties d'o-
raison qu'ils appellent, puis que d'eus ou trois suffisent selon l'Aristote & Varron, & autres anciens?
Priscian dit au liure septiesme, que les Africains
n'ont que *masculinum* & *fœmininum*, ie n'en pense auoir plus en mon païs, & nos gentils grammariens vous mettent autant de genres que les Latins
& Gregeois en ont : & pour faire bref cherchent
toutes les resueries qu'ils ont jamais leuës ailheurs
en nostre tant court & joli Roman, pour faire paour
aus estrangers, & les diuertir d'apprendre nostre

langage, quand ils y verront tant de peine.

Du nom de la riuiere d'Arar, qui s'appelle aujour-
dui la Saone, & de la ville de Lougdoun, qui est
maintenant Lion sur le Rosne, Chap. 6.

ARAR est vne riuiere de la Gaule Celtique,
qu'on a ainsi nommee, pour ce qu'elle s'assemble
aueque le Rosne, du verbe Grec *harmozestha:*
car elle descent dedans la riuiere du Rosne au
païs des Allobroges. Or on l'appelloit premierement Brigoul: mais ce nom luy fut changé pour
la cause que vous diray. Arar s'en estoit allé chasser
en vne forest, là ou il trouua son frere Celtiber mort
que les bestes auoient tué: dont il fut tant marri,
que de deuil il se passa l'espee a trauers le corps,
et se jetta dedans la riuiere du Brigoul, qui despuis
pour cela se nomma Arar. Ceste riuiere porte
vne sorte de Poisson grand, qu'on appelle Scolo-
pid en ce païs là: lequel au croissant de la lune est
blanc, & ainsi qu'elle decroist deuient tout fin
noir: & quand il est deuenu fort grand, ses espines
le tuent. Il se trouue en la teste de ce poisson vne
pierre, qui semble fort a vn grain d'ancens: laquelle
a grand vertu contre fieures quartes, si on la porte
sur soi du couté droit du corps, au temps que la lune va en decroissant, ainsi que conte Calisthéne le

Subarite au treziefme liure de l'hiftoire de la Gaule:
duquel a prins fon argument Timagene de Sure.
Sur la riuiere d'Arar y a vn mont qui f'appelle Lougdoun, lequel vous dirai, comment fut ainfi nommé. Moomor & Atepomar chaffés par Sefero-
nee hors de leur roiaulme, vouloient en ce mont
baftir vne ville : & ainfi quon commança a becher
pour mettre les fondemens, voici venir tout a coup
vne compagnie de Corbeaus, lefquels font a ces
gens là comme vne chere auecque les ailes, puis fe
vont percher tout entour d'eus en fi grand nombre,
qu'il n'y auoit arbre, qui n'en fuft tout couuert. De
là Moomor qui eftoit fort expert en l'art de diuiner
par les oifeaus, nomma la ville Lougdoul, pour ce
que loug en leur langage eft a dire Corbeau, &
Doul fortant ou f'efleuant, comme dit Clitophon
au treziefme des baftimens.

I'ay prins cecy au liure que ie ne fçai quel Plutar-
che a fait des riuieres & montagnes, & l'ay tranflaté
du mieus que l'ay peu entendre, non pas fi bien que
j'euffe voulu. car il y a quelques mots dôt ne me con
tante guere pour eftre corrompus, ou autrement.
quelqu'un fera mieus, f'il voit que la chofe le merite,
qui m'eft vn peu fufpecte pour raifon de l'etymologie premiere d'Arar, & puis la caufe dudit nom, &c.

Des Accens, & de la mode qu'on prononce au-
jourdui le Grec & Latin,   Chap. 7.

Les Gregeois & Latins ont trouué je neſçai quoi
que mes maiſtres m'apprindrent jadis d'appeller
Accent, qui eſt, que toute ſyllabe ſe doit en parlant ou eſleuer ou baiſſer , ou les deüs enſemble:
& ont trouué des marques pour monſtrer cela
qu'ils mettent ſur les ſyllabes. Si viſtes jamais du
Grec eſcript ou imprimé de ce temps , vous ſçaués
aſſés que c'eſt que ie veus dire , & voudrois fort ſçauoir quand les Gregeois ont commancé a ainſi em-
baſtonner leurs ſyllabes. Quant eſt des Latins , je
ne ſçai ſi la mort les a empeſchés de faire de meſme , mais apres leur treſpas quelque gens ſe ſont
prins a le vouloir mettre en couſtume , qui ſont les
Grammariens Latins , quand ils ont voulu monſtrer la viue & naturelle prononciation des ſyllabes.
Nous auons es grammaires Gregeoiſes & Latines
force de regles de ces accens , leſquelles ſont bonnes & vraies, de ce je ne doute point : mais je vous
aſſeure que je ne m'en peu janrais aider , & ne vous
ſçaurois prononcer vn ſeul mot ni de Grec ni de
Latin de bonne ſorte, & ainſi comme je penſe, que
faiſoient les gens naturels jadis : ni n'ay encores

trouué homme, qui me contentaſt en la prononciation de ces langages, fuſt il d'Italie (pour parler du Latin, qui eſt plus congnu en ce quartier que le Gregeois) tant ſ'en faut, qu'un Eſpagnol le face, vn Gaulois, vn Aleman. Car il a eſté fait a là parfin aus Italiens & Romains, comme ils nous auoient fait premierement & a autres eſtranges nations, c'eſt, qu'on leur a oſté quaſi tout leur Latin, comme ils nous auoient oſté preſque tout noſtre Gaulois : & chacun qui ſe peut aider du Latin, que trouuons eſcript par les anciens, le parle & prononce a la mode de ſa barbarie (il faut que je die ainſi) c'eſt a dire, ſi nous auons quelque accent ou autre choſe telle, en noſtre langage naturel, nous l'appliquons en ce Latin, ſi le parlons: de ſorte que ſi Iule Ceſar trouuoit aujourdui Paul le tiers ſeigneur de ſa Romme, diſant la grand meſſe pour vne feſte de Saint Pierre, il ne l'entendroit guere mieus, que fait vn François ou vn Eſpagnol l'Italien a la premiere rancontre. Ie voy bien qu'il y a beaucoup de ſçauans gens & ingenieus en noſtre temps, qui ont trouué quelque choſe de bon : mais je ne puis pourtant voir, qu'on vienne jamais au naturel : & ſuis en ceſte reſuerie, que les ſçauants d'aujourdui ont auſsi grand tort, ou peu ſ'en faut, de prononcer *Senâtus pópulúſque Românus* (on marque ainſi maintenant ces accens) que les preſtres de ma ville, de dire *Omnipotèns ſempiternè Deùs qui, &c.* tout d'une venuë ſans hauſſer ni baiſſer rié que je ſante, faiſant toutes les ſyllabes eſgalles en pois & meſure, afin quel'une neſe plaigne de l'auátage de l'autre. Car quant vous me prononcés, *Senâtus*, ie n'entens point accent aucun, quelque peine que j'aie miſe a Muſiquer autreſſois : mais ſeulement cete ſyllabe ſegonde eſtre faite longue comme merite. En *pópulúſque*, j'oy ſeulement faire deus ſyllabes longues, *po, & lus* qui eſt mal fait en *po*, pource qu'elle eſt breue de nature, & qu'il n'i a là choſe, qui puiſſe aider a la faire longue. En *Românus* je voi garder aſſés bonne meſure, fors en la premiere ſyllabe, qu'on fait breue pour longue: mais d'accent, je n'i en ſens ni prou ni peu. Toutes les ſyllabes me ſemblent auoir vn meſme fil & teneur. Que ſi *nâ, pó, lús, ma,* ſont hauſſees par deſſus les autres ſyllabes, je vous prie me dire de combien, ſi c'eſt, d'un ton ou de plus, ou ſi de moins, comme de demi ton, ou d'une dieſe & c. Bref cellui me fera grand plaiſir & l'en remercirai, qui me monſtrera ces accens en telle prononciation. I'ai autreſſois prins pour argent contant ce qu'on m'en diſoit, tiré de Priſcian & d'autres

tres grammariens , mais despuis que i'ay vn peu
philosophé sur cela, ie n'ay peu voir ce qu'on m'en
contoit. Telle mode de prononcer ce Latin est
venuë en nostre France du naturel des Italiens &
Espagnols comme ie cuide, pource que je voi qu'en
leur langage vulgaire ils gardent je ne scay quoi tel.
Touchant de nostre François je ni voi guere chose,
qui aproche de ces raisons d'accent: parquoi je voudrois fort que nos Grammariés François auisassent
bien comment se prononce nostre langage: escou-
tassent bien d'un cousté & d'autre, deuant que faire
leurs regles , par lesquelles ils nous assurent de chose tant chatouilheuse. Il y a du d'anger s'ils ne se
donnent garde.

Quels gens sont que Galates, vne histoire d'un
Gaulois & d'une Milesiene, Chap. 8.

NOVS sommes par les anciens Latins appellés
Galli, & par les Gregeois *Celtoi* & *Galatæ*, de sorte que c'est tout vn Gaulois & Galates : & ces Galates d'Asie, ausquels saint Paul a escrit des lettres,
que nous auons en Grec, estoient Gaulois , sortis
de ce païs de Gaule, enuiron quatre cens ans deuant la naissance de IESVS CHRIST, commeśça-
ués par Liue , Iustin, Pausanie , & autres autheurs

d

Gregeois & Latins, & a force d'armes paſſés en deſpit de tout le monde a trauers d'Italie, Pannonie,
Macedoine, Grece, & autres païs iuſques en Aſie
là ou ils parloient encores leur langage Gaulois plus
d'autres quatre cens ans apres l'incarnation, comme vous dira ſaint Hierome. Mais je veus ici conter vne hiſtoire de ceus ci noz parens, laquelle vous
trouuerés en Parthene autheur Gregeois.

Au temps que les ſuſdits Gaulois ou Galates,
comme vous plaira les appeller, faiſoient ces effors
d'armes, ils paſſerent par Ionie qui eſt vn païs d'Aſie
ſur la mer, & la pilherent toute, comme beaucoup
d'autres païs. Auint que le jour des Theſmopho-
ries, qui eſtoit vne feſte, que les femmes faiſoient jadis de nuit a Cerés, vne bande de ces Gaulois ſe
departant de l'armee, ſ'en vint faire vne courſe juſques a la ville de Milet, & trouua toutes les femmes
de la ville au temple de Cerés, aſſés loignet de ladite ville, (ainſi dit Vitruue ſur la fin du ſegond liure,
que les temples de Cerés deeſſe des blés, ſe faiſoient hors des villes) & furent toutes prinſes : deſ-
quelles vne grand'partie fut ſoudain rachapteé, car
cete ville eſtoit riche & puiſſante : les autres demourerent aueque ceus, qui les auoient prinſes, non
tant par faute de rançon, que pour ce que pluſieurs

firent dificulté de les rendre pour or ou argent, a caufe qu'ils fe trouuoient fort bien d'elles, & elles auffi fe contentoient mout d'eus: & ainfi f'en emmena
quelques vnes , entre lefquelles fut vne galante &
belle jeune dame nommee Erippe , femme d'un
homme d'hôneur, & des plus nobles du lieu nommé Xanthe. Cete cy fut emmenee en noftre païs par
vn feigneur Gaulois, demourant fon mari auecque
vn beau petit fils de l'age de 2. ans ou enuiron, bien
d'efconforté d'auoir perdu telle compagne : pour
laquelle recouurer vendit finalement partie de fon
bien, amaffa grand fomme de deniers , & f'en alla
voir f'il l'auroit. Il fe met donques fur la mer, &
f'en vient premierement en Italie, là ou il auoit des
amis, qui le fecoururent volontiers & conduirent
jufques a Marfelhe, duquel lieu il prent fon chemin
droit a la maifon de cellui qui auoit fa femme , qui
eftoit vn des grans & renommés feigneurs de la
Gaule, appelleé Gauaras, là ou quant il fut arriué, là
premiere chofe qu'il demanda fut qu'on l'herber-
geaft : ce qu'on fit incontinant , comme entre autres nations les Gaulois eftoient prefts de faire entierement, qu'on ne trouuoit hoftelleries comme
on fait aujourdui pour loger a fon aife pour fon-
argent (entré les gentils hommes & feigneurs de ce

d ij

temps y a encores quelque forme de cet ancien her-
bergement) & ne fut point si tost entré en la maison de ce seigneur, qu'il auisa sa femme & elle aussi luy, qui ne se monstra paresseuse a lui venir sauter
au col, l'ambrasser, & le conduire la dedans. Incontinant ausi d'autre part se trouue là le seigneur susdit, auquel Erippe conta soudain le voyage de son
mari, & comment il estoit venu là pour la recouurer auecque sa rançon : lequel seigneur s'esmer-
ueilha tout, & fut mout contant de la bonne amour,
que portoit ce Milesien a sa femme, pour laquelle re-
couuirer s'estoit mis en si grand peine & d'anger par
tant de païs, de terre, & de mer. Il appelle incontinant ses plus proches parens & amis, & le festoié
magnifiquement : auquel festin, qui fut vn peu lon-
guet, il fait coucher Erippe aupres de son mari a la
mode des anciens de ce temps là, qui prenoient
leur refection couché sur des lits, & demande par
truchemeut a cet homme, combien se pouuoit
monter tout ce qu'il auoit : auquel il respond, qu'il
pourroit valoir vn mile escus : & la luy commande
ledit seigneur Gaulois que de ceste somme il fit quatre parts, & que d'icelles il print & emportast les
trois pour luy, sa femme, & son fils : & la quarte
qu'il la lessat & donnast pour la rançon de sa femme.

Cet hoste fut merueilleusement contant de tel parti,
& remercia bien fort ce seigneur. Finalement on
se va coucher : & coucha la Milesiene aueque son
mari cete nuit là, auquel en deuisant au lit elle vint
dire comme bien faschee, Helas mon mary mon
amy, que je suis marrie, que vous aués si mal respon-
du a mon seigneur. Dieus, comment luy aués vous
dit, qu'auiés si grand somme d'argent, & vous ne
l'aués pas, cela n'est pas possible, vous ne luy scauri-
és fournir ce qu'il vous a demande, vous vous estés
perdu. Taisés vous m'amie, dit le bon mari, & ne
vous chailhe : tout ira bien si Dieu plaist. Pour l'a-
mour que ie vous porte, comme doit le mari a sa
bonne partie, je ne vous veus rien celer, ains vous de-
clarer, qu'outre ce que luy ay dit j'ai autres mile escus cousus es souliers de mes valets : car ie n'eusse jamais pensé, qu'il se fust peu trouuer vn barbare (les
Gregeois appelloient ainsi les autres nations) si rai-
sonnable & courtois, que cestui cy : & m'attendois
bien qu'il me faudroit plus d'argent que ce que luy
ay dit pour vous retirer de ses mains. La mal con-
seilhee femelle ne dormit point si profond, qu'elle obliast ce mot de segret, ains le lendemain ne fut
point si tost sortie du nid, quelle sen courut au
Gaulois luy dire, Mon seigneur j'ay bien sceu des
d iij

nouuelles cete nuit bonnes pour vous , si me voulés croire. I'ay si finement tiré les vers du nés a
mon mari, qu'il m'a declaré, qu'il auoit autre mile
escus, cousus es souliers de ses gens. vous voyés l'injure qu'il vous a faite, de vous auoir si villenement
menti, & s'estre de telle sorte moqué de vous en vo-
stre païs & maison, ou luy aués fait si bon recueil.
voulés vous bien faire, & tout son argent & ses seruiteurs seront a vous? Tués le. vous en aués iuste
cause : & de ma part je vous en prie de fort bon
cœur, estât cela le plus grand plaisir que me pourriés faire en ce monde. Car je l'haÿ mortellement,&
n'y a ni païs ni enfant que j'aime & estime tant que
vous. Ie veus finir mes jours aueque vous, s'il vous
plaist. Ce seigneur print vn tel desplaisir au propos
de ceste femme , que d'autant qu'il l'auoit aimee au
parauant & estimee, autant commança de l'haïr &
desestimer, de maniere que de là delibera de la chas-
tier de sa meschanceté. Quant le Milesien fut bien
repousé luy & ses gens, & eut payé les deus cens
cinquante escus au Gaulois : il voulut prandre congé pour s'en retourner en son païs d'Ionie aueque
sa femme, ce que ledit Gaulois luy otroia voulon-
tiers : mais aussi le voulut conduire aueque mout
belle compagnie de ses amis & seruiteurs, jusques

au bout de la Gaule, là ou quand ils furent venus,
dit, qu'il eſtoit meſhui temps de ſe departir, mais
que premier il falloit faire ſacrifice aux Dieus pour
les remercier du bien receu, & les prier de conti-
nuer leur faueur a l'auenir : ce que toute la compagnie trouua bon a merueilhes. On droiſſe incontinant vn lieu pour ce faire, & a l'on vne beſte
pour ſacrifier, brebis ou quelque autre, comme eſtoit la couſtume des anciens idolatres : laquelle o-
res que fût liee, qu'elle ne ſ'en pouuoit fuir, ni gueres ſe remuer, touteſſois pour vne façon de faire &
vne ceremonie de ce temps là, dit a la Mileſiene
qu'elle la tint. ce qu'elle fit ſoudain, pour ce que ce
ſeigneur lui faiſoit faire cela communement en ſes
ſacrifices, qui eſtoit vn ſigne d'amour qu'il luy portoit. Apres cela tire ſon bracmart, hauſſe le bras,
& au lieu de donner ſur la beſte, deſcharge ſur ceſte
pauure dame, & luy auale la teſte. Toute l'aſſemblee
fut mout eſtonnee de voir cet homme traitter ainſi
vne telle beauté & de telle grace, laquelle il auoit par
ci deuant tant priſee : mais principalemẽt le pauure
Mileſien, quelque bonne chere qu'on luy euſt faite
par cy deuant : lequel ſoudain ſ'aſſeura hardiment
que c'eſtoit fait de luy, qui auoit grand ſomme d'argent, & eſtoit ſeul en païs eſtrange, entre les mains

d'un Barbare ſi felõ que ceſtui là: mais ce bon ſegneur
n'eut pas ſi toſt fait le coup, qu'il ſ'adreſſe a lui, lui
conte le meſchant cœur de ceſte femme, je n'euſſe,
dit il, jamais penſé cela d'elle : mais telle ne deuoit
viure ni aueque moi ni aueque tel mari, que tu es.
Tien hoſte, voila l'argent que m'as donné. je ne te
demande rien : ains ſi as affaire du mien & de ma
puiſſance, ne fay que le dire. Pren en bonne heure
ton chemin deuers ton païs, & porte aus Mileſie-
nes les nouuelles de ta femme, affin qu'elles y prenent exemple, & qu'elles entendent, que les Çau-
lois, que vous appellés barbares, n'uſent en rien
de barbarie ni cruauté, ſinon en tels cœurs de
femmes.

D'ou viennent les noms de Regle, Eſquerre, Compas,
Plomb, & Niueau, Chapitre 9.

I E me trouuay vn jour en vn aſtelier, entre grand
nombre de maſſons, leſquels interrogai volontiers,
& mis en propos des choſes de leur meſtier. Entre
eus y auoit vn petit Normant auancé en aage plus
que nul autre de la compagnie, qui ſur tous me ſa-
tiffaiſoit a ce que leur demandois. Et finalement
ſans autrement leſſer ſa beſongne, me pria d'ouir
vne rime (vous ſcaués qu'à Rouan on ne parle autrement qu'en Rime) de l'office, & de toutes les choſes ou

es, ou pour le moins de la plus grand' part de
ce qu'il faut qu'un Maſſon aie, laquelle il me dit
qu'il auoit faite luy meſme en l'an diſſeptieſme de
ſon aage : de laquelle ie retins ces deus vers

    Aie Regle, Eſquerre, & Compas,
    Plomb & Niueau n'oblie pas.

Deſpuis ne ma fois ſouuenu de ceſte rihaſſerie, que
n'aie penſé, dont ſont ſortis ces noms Regle, Eſquerre, Compas, Plomb, Niueau, ainſi que font
autres de noſtre Gaule, qui arrachent tout noſtre
langage du Roman, & du Grec, ſans oblier l'Ebrieu.
    Quant eſt du premier, Regle, ie ne doute point
que ce ne ſoit *Regula* des Latins, vn peu deſguiſé,
pour lequel les Gregeois ont Canon : mais Eſquerre ne vient ni du grec *gnomon*, ni du Latin *Norma* (je
ne l'irai chercher alheurs, ſil vous plaiſt, pour ceſte
heure) qui le ſignifient : vien droit il point de *Quadru*,
qui eſt a dire, quarré, dont eſt le verbe *Quadrare*, qui
ſignifié en ma parroiſſe eſquarrer, là ou lon appelle
Eſquarre, l'Eſquierre ou Eſquerre de Fráce? La raiſon de ce nom pourroit eſtre, pour ce que l'Eſquerre contient & fait vn angle, que les Geometriens appellent droit, tel que nous voyons en vn dé pierres,
& autres choſes que nous appellons quarrees. Pline
au liure 6 dit qu'ũ Theodore de l'iſle de Same trou-

C

ua le premier l'Efquerre , & conte Vitruue au liure
ix. comme Pythagoras l'enfeigna fere. Pas (ce croi
je) vient du Latin *Paffus* & de la paffer : defquels
femble Compas & compaffer, eftre compofés. A-
uifés y vous , je vous prie, car de moy, je ne vous
veus affurer de chofe , ou je doute : me contantant
que ce grand Varron aye efté mioqué de fes etymologies, mefmes par les plus grans de fes amis. Ie
vous affureray feulement de l'inuenteur du Compas, fi tout ce que dit Ouide en fes Metamorpho-
fes, eft vray. Ce fut vn nommé Perdix neueu de
Dædale de Crete. Lifés le conte au liure huitief-
me. Compas auffi eft vne autre chofe entre les
Mareans, fçauoir eft, ce qu'appellons autrement,
quadrant de mer, duquel nous parlerons plus am-
plement alheurs , s'il plaift a Dieu. Le quatriefme
inftrument de la fufdite rime, appellé le Plomb, eft
comme vne regle de bois de demi pié de large , &
trois de long, de l'efpoiffeur d'un doi, peu plus peu
moins , ayant vne boulete de plomb (voila dont
tout l'inftrument eft appellé Plomb) le plus fou-
uant, aucuneffois quelqu'autre telle chofe poifante,
qui pend d'un bout d'une cordelete attachee a vn
des bouts de la fufdite regle, dont les maffons vfent
pour congnoiftre fi leur œuure chemine droit en

haut. Si cest outil est le *Perpendiculum* des Latins,
Pline au dit liure septiesme, vous dira que le susdit
Dædale en fut le premier inuenteur. Venons au dernier, qui est Niueau, de l'inuention du susdit Theodore, qu'en mon païs on appelle Liueau par l, que
je trouue vn peu meilheur que Niueau (je ne prins
garde si mon rimeur mettoit vn n ou l au commancement) pource qu'il approche plus de son naturel,
puis qu'il faut que nous ayons des noms Romains.
Il est tout certain que cestui cy vient du Latin *libella*,
duquel mot apres qu'auons eu changé le b en v, a la
mode de Gascogne, & osté la derniere syllabe, qu'il
n'en a demouré que Liuel, qui vaut autant que liueau (comme c'est tout vn Michel & Micheau,
chastel & chasteau, bel, & beau, si nous ne disions,
Nouuel amy, Nouueau mari, &c.) nous en auons
fait vn homme d'une femme : de laquelle meta-
morphose je ne sçai si les Italiens ne seroient point
autheurs (ou les Espagnols) qui disent *Illiuello*.

*Que c'est Ramon, Ramonner, Hart, sur peine
de la hart, Sentir la hart, Chatoulheus de la
Corge,* Chap. 16.

V N meschant mot, Hart, fort renommé & pres-
ché en France, m'a autresfois fasché, que ne pou-

uois ſçauoir, que c'eſtoit a dire. Ie l'ay demandé
mile fois aus clercs de mon vilage, mais c'eſtoit vn
nom pluſque Ebrieu pour eus. Il n'i a eu frere *Calepi-*
nus auctus & recognitus, Cornucopiæ, Catholicum ma-
gnum & paruum, ou je ne l'aye cherché : mais pour
neant, car il n'i eſtoit pas. Il y a enuiron dix ans
qu'une chamberiere qui ſe diſoit Picarde, combien
que je penſe qu'elle fut de Normandie, m'apprint
que c'eſtoit, vn ſoir, a Paris, ſans y penſer, faiſant
collation d'une bourree deuant qu'aller au lit, de
laquelle j'auois aprins vn peu au parauant que Ramon eſtoit vn balay, & Ramonner balier, en la
chanſonnete, Ramonnés moy ma cheminee. Hart
donques proprement eſt, ſauf voſtre grace, le lien
dun fagot, ou d'une bourree a Paris, qu'ō appelle vne
riorte en mon benoiſt païs : Parquoi i'entens, que

De par le Roi ſur peine de la hart, (hart eſt *fœ-*
minini generis) vaut autant a dire que, Sur peine de
la corde, jadis, qu'on s'aidoit des branches des ar-
bres pour eſpargner la chanure. Ainſi ſentendra
que ſignifie, Sentir la hart, en vne epiſtre de Marot
au Roy, qui vaut certes autant a dire que, Chatoulheus de la gorge, qui eſt en la meſme epiſtre,

Ainſi ſ'en va chatoulheus de la gorge
Ledit valet, monté comme vn ſaint George.

lequel prouerbe , chatoulheus de la gorge on dit
eſtre venu de ceſte hiſtoire. Vn bon vautrien ai-
ant par ſes merites eſté monté de reculon juſques au
haut bout d'vne eſchelle , pour deſcendre par vne
corde (diſent les bons compagnons) faiſoit là meruelhes de preſcher : durant lequel ſermon, le maiſtre des hautes œuures affutant ſon cas paſſoit ſouuant la main ſoubs & autour la gorge dudit preſ-
cheur, tant qu'a la fin il le vous regarde, Hé, maiſtre
mon ami, dit il , je te prie, ne me paſſe plus là la
main : je ſuis plus chatoulheus de la gorge , que tu
ne penſes. Tu me feras rire , & puis que diront les
gens? que je ſuis mauuais Chreſtien , & que je me
moque de Iuſtice. Ce compte me fit quelque fois
vn bon frere Pierre grand confeſſeur de tel gibier,
par toutes les meilheures villes de Fráce, qui en ſçauoit bien d'autres, & meſmément ceſtui cy. Qu'un
ſoudart qu'on menoit fere le guet a Montfaucon,
approchant de la porte de la ville ſe print a hucher
a plaine teſte le portier, par pluſieurs fois lequel l'entendit bien des la premiere, mais a cauſe qu'il ſe ſen-
toit autant ou plus chatoulheus de la gorge que cellui qu'on menoit pendre ſe remue bel & beau de là,
en lieu de venir parler a cet homme, de pour qu'il ne
le cogneuſt a la Iuſtice, comme ces gens diſent plus

qu'on ne leur demande aucunesfois, ainsi s'adresse
a la parfin ce pauure alteré a son confesseur, mon
pere, dit il, je vous prie dire au portier, qu'il ne lesse,
hardiment pour moy de fermer la porte de bonne
heure ; Car je n'ay pas deliberé de retourner d'aujourdui coucher a Paris. Ainsi qu'une autrefois il
conduisoit au Gibet, sur les trois heures du soir, vn
pauure patient, auquel il faschoit fort de mourir, &
luy disoit entre autres consolations, Mon ami, en
ce monde n'y a rien que peine & ennuis, Tu es
heureus de sortir aujourdui hors de tant de miseres.
Hi frere, dit il, plust a Dieu, que fussiés en ma place
pour jouïr si tost, de l'heur que me preschés. Le Pa-
ter ne fit semblant d'entendre cela, & passant outre, pren courage, mon ami, quelques maus que tu
ayes fait, demande pardon a Dieu de bon cœur,
tout te sera pardonné, & iras aujourdui souper la
haut en paradis aueque les Anges, & c. Souper aujourdui en Paradis Beau pere? Ce seroit beaucoup si i'y pouuois estre demain a diner. & pource,
qu'un homme se fache fort par les chemins quand
il est seul, je vous prie venés moi tenir compagnie jusques là. Faittes moi cest œuure de charité & mesmement si sçaués le chemin. Plusieurs
tels comptes de penderie vous eut fait jadis ce bon

religieus, qui feroient pour faire vn liure plus grand
que les merueilhes d'Amadis d'Efpagne.

De la corruption de noftre langage François,
Chap. 11.

QV AND nous parlons a vn feul, nous deuons
naturellement vfer de la feconde perfonne du fin-
gulier, ainfi que voions les anciens Gregeois & Latins auoir fait, Ariftote pauure philofophe parlant
au grand Empereur Alexandre, Daue efclaue a Si-
mon fon feigneur : & ne doute point que n'aient
ainfi parlé iadis noz grans peres : mais la flaterie a
tout corrumpu ce naturel, Il y a plus de treze cens
ans que nos romans cômançoient defia a dire v o s,
pour τ v, a leurs Empereurs & feigneurs, ainfi comme nous, nous difons, vous voiés, vous fcaués Monfieur : pour Tu vois, tu fçais : & feroit peché irre-
miffible, fi ie difois τ v a Monfieur mon maiftre,
comme fi vovs auoit puiffance de faire les hommes
grans, ou pour le moins de les maintenir en vn e-
ftat, & τ v, de les tuer, ou faire petits compagnons.
Mais il y a bien dauantage : Ce, v o s pour τ v, n'a
fuffit aus Italiens & Efpagnols, ains leur a falu trouuer mieus. Car la hart ne faudroit là au petit com-
pagnon qui diroit vous, aux Rois, Ducs, Comtes,
Capitaines, Lieutenans, &c. comme nous difons

en noftre France. vous n'ouirés que voftre maiefté,
voftre auteffe, voftre feigneurie, voftre paternité,
voftre mercy, & tels autres, pour V O V S ou T V, en-
uers les grans. Et fi ne fe contátent pas encores de ce
V O S T R E en tous les fufdits, a caufe qu'il eft trop
approchant de V O S, & de T V : ains font mieus, car
ils difent fa pour voftre foruenteffois, affin d'ufer
entierement de tierce perfonne, comme, fa maiefté,
fon auteffe. C'eft a dire, fi j'eftois aujourdui Efpagnol
parlant a Charle l'Empereur, ou a quelque Roi ou
fimple Prince, il me faudroit dire, fa maiefté commande, fon auteffe commande, &c. pour vous me
commandés ou (qui feroit mieus) Tu me cóman-
des Sire. Voy la pas vn ioly langage? Mais fçauous
combien il vient de quereles & fafcheries, pour ne
garder ces titres en parlát. Ie me trouuái vne fois en
vne affemblee de gens de ce langage, ou il y auoit
deus docteurs l'un en Theologie, l'autre es Droicts.
Le Theologien en quelque fien propos parlant a
l'autre, luy difoit, Vos : lequel quand eut tout dit, l'autre refpondant, le vous vint voufter aufsi : dont cé
Theologue, qui f'attendoit auoir voftre mercy,
pour ce vos (vous fçaués quel lieu & honneur eft
deu a cefte fainte Philofophie) fut fi defpité, que
fur le champ protefte de l'injure, rompt tout le propos &c.

pos & c. Et telle badinerie nous eſt ſi plaiſante, que
ne trouuons rien plus beau.

Le Marraniſme ſ'en va en ſi grand vogue, que qui
aimera le lart en face hardiment prouiſion, car on
nous le defendera vn de ces jours, vous le verrés. Au
treſpreus Cheualier A. B. C. Iehan des vignes baiſe
les mains de ſa ſeigneurie. Cela? A Dieu les jam-
bons de Maiance, A Dieu ceus de Baione, A Dieu
les eſchinees & orelhes du petit cerf : A Dieu di je,
ſi Dieu n'a pitié de noſtre pitoiable fait, qui ne
ſommes rien que ſinges des vices de noz voiſins.
Pleuſt a Dieu que ce fuſt des vertus.

Les premieres nouuelles qu'on trouue des Fran—
çois es anciens autheurs, & des prouëſſes deſ-
dits François, Chap. 1 2.

Nov s n'auons pas grans nouuelles de ce qui a
eſté fait en noſtre Gaule, deuant que Iule Cæſar y
vint. Si nos anciens ont fait des liures de leurs affaires, nous ne les auons, & quand nous les aurions
nous ne les entendrions : car ils parloient autre
langage que cellui dont vſons a ceſte heure. Ce
Cæſar nous a leſſé de jolis memoires de ce qu'il a
fait en la Gaule par l'eſpace de dix ans : mais je voudrois que ſ'euſt eſte Caton, non luy, qui euſt eſcrit
ces memoires. Nous en ſçaurions, nous en ſçau-

rions des meſchancetés qu'il a faites a noſtre pauure païs, mais il en a eſté puny. Deſpuis Cæſar, o-
res qu'aions auſsi fort peu des choſes faites en ladite
Gaule : touteſfois ſi ſçauons nous qu'en deſpit des
Romains, ſont de la Germanie & d'alheurs entrés
en la Gaule, les Vandales, Bourgoignons, Alains,
Huns, François & autres, bien peu de temps les vns
apres les autres, enuiron quatre cens cinquante
ans apres la naiſſance de IESVS CHRIST : entre
leſquels ont les François treſbien monſtré, quils va-
loient les mieus. Car les autres n'ont duré que trois
jours en la Gaule : deſquels les vns ſi ſont ruïnés
d'eus meſmes, les autres ont voulu faire les braues
contre les François, & les François les ont ruïnés,
comme les Gots entre autres que le Roy Clouis
(autant vaut Louïs) ſecouä comme ſçaués en Guienne pres Poitiers & Bourdeaus, & contraignit
ceus qui ne voulurent mourir, ſe ſauluer en Eſpagne, enuiron l'an 510. Les Bourgoignons auſsi
qui auoient le cœur haut, n'ont ils eſté humiliés par
les François? d'Eſpagne ſont entrés en la Gaule les
Sarrazins, que nous appellons, & d'alheurs autres:
mais les François ont tout chaſſé & dompté, & ſi
bien fait (pour faire court) que toute la Gaule a e-
ſté muee en France. Que ſi quelqu'un ſ'eſmerueï-

lhe, comment les François ont eu cet heur plus que
les autres nations , qui sont venuës auſſi de dehors
en la Gaule, combien que pluſieurs d'elles ne fuſſent
moins fortes & puiſſantes que celle des François : il
ne s'eſtonnera de cela long temps , ſil penſe que la
France a de toute ancienneté eſté vne Republique
& enſemble vn Roiaume bié reglé, & armé de treſ-
bon conſeil : qui eſt vne ſeule cauſe de faire durer vn
Roiaume ſans fin , ainſi que voions que deſja les
François ont heureuſement regné en la Gaule l'e-
ſpace d'onze ou de douze cens ans , maugré tous
leurs ennemis, qui ont eſté grans & puiſſans. N'a-
uous pas veu pluſieurs fois l'Italie, l'Alemagne, l'An
gleterre, l'Eſpagne & autres voiſins bandés tous enſemble contre la France? Les Rois de France quelque fois tant pourſuiuis de leurs ennemis, qu'ils n'a-
uoient plus qu'une ville, qu'un chaſteau de toute la
Gaule ce ſembloit, & aucunefois prins par leurs ennemis , & emmenés hors de leur Roiaume? & touteſſois ils ſont touſjours venus a l'audeſſus de leurs
affaires triomphamment par leur vertu & bon conſeil. Ie vous prie qu'Agatie, qui eſtoit du temps de
l'Empereur Iuſtinian, vous die quels gens eſtoient
lors les François , & par quel art ils ont eſté touſjours maiſtres ſur leurs voiſins, & moy je vous di-

ray icy ce peu de nouuelles qu'il me fouuient auoir
leu du temps deuant qu'ils fuſſent en la Gaule.

Il eſt fort malaiſé de ſçauoir qui a eſté le premier
païs des François. Vn ie ne ſay quel Hunibault,
qu'on dit auoir eſté vn peu apres l'Empereur Theodoſe, a le premier (comme on penſé) controuué
que les François ſont venus des Troiens, c'eſt aſ-
ſauoir que Troie prinſe & deſtruite par les Gregeois
(ſi prinſe l'ont) il y eut vn dix mile Troiens, qui ſe
ſauuerent (comme on dit) par les mareſts, & ſ'en
fuirent en Scythie, là ou ils demourerent vn long
temps : puis ſe faſchans des grans frois & neges de
ce païs là , delibererent de chercher meilheure ha-
bitation : ſe mirent en armes, & par force ou autrement vindrent a trauers mile fortes regions, & meſmement Hongrie & Germagne mettre le camp
ſur le bord du Rin , bien deliberés, d'entrer en ceſte
tant friande Gaule : mais il n'y a homme qui aie
la teſte bien aſſiſe qui croie ces nouuelles, & pen-
ſent tous les bien iugeans des choſes, que ce maiſtre faiſeur de comptes eſt beaucoup plus jeune que
Theodoſe ſuſdit Empereur.
Le bon Gregoire Archeueſque de Tours cerchant
l'origine des François n'alegue ni cet autheur là, ni
tels ſonges. ainſi les premieres certaines nouuelles

qu'auons peu entendre des François sont cetes icy.
Procope & le susdit Agathie historiens Gregeois,
& quelques autres autheurs disent que les François
sont Germains, (Germagne est ce qu'appellons au-
ourdhui Alemagne) & qu'ils demouroient sur la
uiere du Rhin en des marets pres la mer.

L'an de IESVS CHRIST 257, fut Galienus
Empereur de Romme, & le fut par l'espace de 15
ans : durant le temps duquel y eut vn Posthume
qui se fit contre luy Empereur en la Gaule, & s'aida
des François contre luy ce dit Trebelle Polion.

Lan 273, fut fait Empereur de Romme Aure-
lan, duquel on dit la ville d'Aurleans auoir prins
son nom. Cet Empereur estant jeune capitaine en
la Gaule (ce compte Flaue Vospice) batit les François a Maiance, qui faisoient de grans courses sur
les Gaulois : en tua sept cens, print trois cens, lesquels il fit vendre a l'ancant, ainsi qu'anciennement
on vendoit les esclaues.

Lan 280, l'Empereur de Romme Probe batit
es François qui vouloient mettre le pié en la Gau-
e : desquels il enuoia vne compagnie en Ponte re-
ion d'Asie, qui trouuerent là le moien de recou-
rer des nauires, & en despit de tout le monde pilherent les bords d'Asie, de la Grece, de l'Afrique,

de la Sicile, & autres lieus, & se vindrent rendre finalement en la grand mer, ce dit vn panegyrique fait en la louenge de l'Empereur Maximian.

Lan 288 que Diocletian regnoit a Romme, vn capitaine Romain nommé Carause estoit en Picardie & lieus voisins auecque grosse armée contre les François & Saxons, qui pilhoiët toute la mer, & faisoient infinis maus a la Gaule, & Bretagne, qu'appellons maintenãt Angleterre, & autres lieus ce dit Eutrope au liure 9. & quelques ans apres Maximiã qui fut Empereur auecque led Diocletian batit les François en ladite Bretagne, en la mer & autres lieus pres de là : & finalement donna a vne Compagnie de François quelque partie de la Gaule Belgique tirant vers Lorraine (qu'appellons aujourdui) pour icelle habiter tenir & posseder, ce dit vn panegyrique fait a l'honneur dudit Empereur Maximian.

Lan 292, selon que compte Eusebe, fut fait Empereur de Romme Constance pere de Constantin : lequel se tenanr en ce quartier de pardeca, chassa les François hors de la Gaule, qui estoient sortis de la Germagne, & auoient prins Holande & autres lieus voisins, ce dit vn des Panegyriques faits a l'honneur de l'Empereur Maximian & Constantin.

Lan 3 1 2, commança a regner l'Empereur Constantin le grand, qui deuant qu'estre Empereur & despuis eut grands affaires en la Gaule contre les François. Eutrope dit qu'il print leurs Rois, qui sont nommés Ascarich, Ragais es Panegyriques faits en l'hõneur dudit Constantin.& les fit mourir.

Lan 3 4 3 & 3 4 4, eut grandes afferes l'Empereur Constant contre les François, & finalement fut leur maistre, firent paix ce dit saint Hierome aus Croniques. dit aussi Ammian au liure 1 5, (si bien me souuient) qu'en la court dudit Empereur y auoit force François.

Lan 3 6 4, Iulian fut Empereur de Romme, deuant lequel temps eut par quelques ans le gouuernement de la Gaule, & quelque temps guerre contre les François : lesquels il chassa de la Gaule Belgique dela le Rhin, comme vous comptera plus au long ledit Ammian Marcellin au liure 1 7, ce me semble.

Lan 3 7 0, estoient Empereurs Valentinian & Gratian son filz, lesquels demourerent long temps en la Gaule pour la garder des François & autres nations qui vouloient sortir de la Germagne en ladite Gaule, comme vous dira ledit Ammian, le poëte Ausone & autres.

Lan 4 3 1, Aëtie Capitaine Romain chassa les

François de là le Rin, & leur osta quelque piece de la Gaule, qu'ils auoient prinse pres de laditte riuiere, ce dit Prospere le Guiennois aus Croniques. Ainsi se trouue peu de mention des François jusques a ce temps cy : mais d'icy en auant assés vous en compteront Claudian, Sidoine Euesque d'Auuergne, Gregoire Archeuesque de Tours, Paul Diacre d'Aquileie, Sigebert, & autres : tant que congnoistrés que quelque fascherie que leur ayent fait les Rommains pour les empescher de passer en la Gaule, & quelque tuerie qu'il aye eu, que jamais le cœur ne leur a failhy : ains se sont toujours sauués & maintenus jusques a tant que les Romains & tous autres chassés de ladite Gaule ils sont paruenus finalement a leur attente, & sont demourés maistres de la piece de terre qu'ils demandoient.

Despuis que les François ont esté seigneurs de la Gaule, ils ont fait premierement grans faits d'armes sur leurs voisins, comme lises de CHARLEMAGNE, non tant pour s'enrichir, que pour domter les fiers & noiseus : puis pour l'amour de la foy Chrestienne se sont enhardis d'entreprandre longs voyages, & de passer la mer Mediterranee. Sçaués vous pas qu'en l'an 1096, ils entreprindrent de deliurer la terre sainte qu'appellons de Ierusalem, des

mains

mains des Turcs & Sarrazins, & que les Rois mefmes y font finablement allés en perſonne? Par l'e-
ſpace de cent ans ou enuiron les François ont fait
de ſi grans prouëſſes, non ſeulement en la Surie &
reſte d'Aſie, mais auſsi de la part du midi & occi-
dant, qu'il n'eſtoit coing de la terre ou le nom de
France ne fut congneu, craint, & redoubté : de mode, que les Ethiopiens qui ſont au bout de l'Afrique
deuers le midi, noirs comme diables, appellent
François encores aujourdui tous ceus, qui ſemblent
de couleur aus François, c'eſt a dire, qui ſont blans,
comme vous diront les hiſtoires des Eſpagnols faites de noſtre temps.

De la quantité des Syllabes, & de ceus qui cor-
rigent les vers de Terence,   Chap. 1 3.

L B S Gregeois ont des voieles les vnes longues
de nature, les autres courtes, les autres communes,
c'eſt a dire, tantoſt longues, tantoſt courtes : les Latins n'ont cela, mais ſont communes toutes leurs
voieles, comme eſt A lon en *amens,* cour en *amor*: E
long en *edo* pour publier, court en *edo* pour manger:
O long en *omen,* court en *homines*: V long en la premiere ſyllabe *d'unus,* & court en la ſeconde. Delà
ſont appellés les ſyllabes longues & courtes & de la

g

la quantité des syllabes par les Grammairiens : la -
quelle quantité aduient naturelement a la syllabe :
qui est vne chose plus cognüe & mieus reglee au
langage Gregeois & Latin, qu'en nul autre que je
sache. au moyen dequoy les Gregeois & Latins
ont mesuré leurs vers & mettres, par la quantité des
syllabes, c'est a dire par certain espace de temps, qui
se mettoit a prononcer les vers : là ou nous autres
de France compassons nos vers & rimes par certain
nombre de syllabes, sans regarder si les syllabes sont
longues ou courtes. Or puis que nostre langage
naturel est sans quantité (je diray quelque jour ce
que j'y en trouue, s'il plaist a Dieu) quand nous venons a parler les langages estrangers , nous ne gar-
dons la quantité naturelle desdits langages, que nous
n'auons naturellement , si nous n'y estudions bien
a bon esçiant, & ne l'apprenons de ceus, qui ont
naturels tels langages , voyla pourquoy ne trouués aujourdui homme, qui en parlant garde ceste
quantité en Grec & Latin, pour ce qu'il n'y a plus
de gens qui parlent naturelement ces langages, dont
on puisse ouir la vraye prononciation, & ne se trouuent, qu'aus liures, qui sont muets, comme sçaués.
Quand donques aujourdui je veus faire vn vers Latin, je vay voir en Virgile, quelle quantité ont les syl-

labes des mots que ie veus mettre en mon vers:
autrement ne puis rien faire, & ne congnois que la
premiere syllabe *d'Arma* soit lõgue & l'autre courte, sinon que Virgile me l'enseigne, ou quelque autre ancien d'authorité. Mais qui a apprins a Virgile, que telle estoit la quantité de ces deus syllabes?
est ce point le poëte Lucrece ou Enne, qu'il lisoit
tant, ou quelque autre de deuant luy? Non, c'est nature (ne me venés icy sophistiquer sur ce mot de
nature, je vous prie) Car tout le monde a Romme,
hommes, femmes, grans & petis, nobles & vilains
parloient le langage que voyés en Virgile & autres
autheurs Latins, & prononçoient *Arma* la premiere syllabe longue, & la seconde courte : & Virgile incontinant qu'il a esté né, l'a oui ainsi prononcer a sa nourrice, & estant grand en a ainsi vsé pour
la mesure de son vers Heroïque. Que si quelqu'un
doute de ce que ie di, qu'il ailhe lire le troiziesme
liure de l'Orateur de M. Ciceron, & trouuera vers
la fin, que si ce grand *Domine, alius,* grand *Magister*
de nostre païs qui a voulu adroisser vn qui a plus
d'escus que luy, parloit aujourdui son ramage a
Romme deuãt les poissonnieres qui vendoient les
bonnes huistres a Lucule, qu'elles l'appelleroient
plus barbare, qu'il n'est rebarbatif, quoy qu'il face

du fin. Et faut que je die icy, que suis tout eſtonné de la meruelheuſe audace d'un Eſpagnol, d'un Gaulois, de quelques Alemans, & Italiens, qui en notre temps ont oſé entreprendre de corriger les vers de Terence. O les grans fols! Barbares, qui ne ſcaués ni ſçaurés jamais prononcer droit la moindre ſyllabe, qui ſoit en ce Latin, oſés vous mettre là la main? J'entens bien, que les anciens eſcriuans ont corrompu & gaſté ce pauure poëte, & trouuerois bon a meruelhes, qu'il fut rabilhé: mais qui eſt cetui la, qui aujourdui le pourroit faire, & *laudabimus eum?* Leſſés cela quenalhe, & vous allés dormir, ni touchés profanes a ces ſaintes reliques: & ſi l y a quelque choſe que trouués bonne a voſtre gouſt, dites en, faittes en tels liures que voudrés: mais ni touchés. Car que ſçaués vous ſi ce langage coulant & commun de Romme ne paſſoit point des ſyllabes, que les grans meſſeres faiſoient plus longues & poiſantes comme ils ſe portoient? & au contraire, ſi n'extendoit point quelques fois les courtes? Dauantage ne ſçaués vous pas, & meſmes par pluſieurs lieux de Plaute, qu'on faiſoit des ſoloeciſmes, des fautes & la prononciation des paroles ſotes & nouuelles, tout ainſi que voyés en nos tant plaiſans badinages de France, & ce tout agardefaitte pour faire

rire les afsiftans? Ie pren le cas, que le Comique fai-
fant parler vn yuroigne qui chancelle, vn courrou-
cé iufques a eftre hors de fens, vne folete chamberiere d'eftrange païs, vn vielhard tout blanc trem-
blant, aie tout expres pour le perfonnage mis ou
plus ou moins de temps aus vers, de forte qu'a ton
aulne trouues vn iambe en vn Trochaique, ou vn
Trochæe en vn iambique, tu me viendras incontin-
nant faire là du corrigeart, & gafter ce qui eftoit
bien? Mau de pipe te bire.

Comment fe fait le Sucre,   Chap. 14.

LE Sucre f'appelle *Sacchar, Saccharon, Saccha-*
rum dans les autheurs Gregeois & Latins : & eft
Diofcoride le plus ancien (fi la memoire ne me
trompe) de tous ceus qui en ont parlé, lequel a efté
jadis medecin de Marc Antoine & de Cleopatre,
comme vous dira Suide. Or quant aurés bien leu
ce peu qu'ont efcrit du Sucre ledit Diofcoride, Pline, Galen, Paul d'Egine, Alexandre d'Aphrodife
& quelques autres du viel temps:vous ne congnoif-
trés qu'ils aient eu tel vfage de Sucre, mais que tout
leur Sucre eftoit ce peu de Sucre qu'ils trouuoient
fur les Cannes de Sucre, (comme voyés je ne fçay
quelle gomme fortir de nos cerifiers & pruniers)

dont ils vſoient en medecine, & l'appelloient miel,
a cauſe que ſa ſaueur approche fort de celle du miel,
lequel miel a eſté en nos païs congneu premier que
ce ſucre. Les anciens donques ne ſucroient tant
leurs viandes que nous faiſons les noſtres : & croy
fermement qu'ils ne ſçauoient faire le Sucre comme on a fait deſpuis je ne ſçay quel temps. Le Roy
de Portugal a vne iſle a cent lieues de ſondit royau-
me, en l'Ocean, que les Portugalois nomment l'iſle de Madeira, (c'eſt a dire, de Matiere, a cauſe, diſent ils, de l'abondance du bois de ladite iſle) en laquelle ſe fait force Sucre. Ie me ſuis autreſfois enquis aus habitans, comment ils le faiſoient, & ay veu
que je ſçauois toute ceſte hiſtoire par cœur, mais j'en
ay oblié meſhui la plus grand' part, dont ſuis marri.
Ce qui m'en reſte, je le veus icy eſcrire pour ſecou-
rir a ma belle memoire de connil. Le Sucre vient
d'une ſorte de Cannes (canne eſt *Canna & Arun-*
do en Latin) qui ſont differentes des noſtres, qui
nous ſeruent entre autres choſes a faire des quenoï-
lhes a noz femmes, en ce principalement, que celles
là ſont plaines par dedans, la ou les noſtres ſont creu-
ſes, plaines di je non de moele comme cuideriés du
ſehu, mais du bois meſme, lequel eſt plus mol que
le dehors de ladite Canne, d'autant qu'en icellui eſt

contenu le jus, dont se fait le Sucre. Aués vous jamais rongé du jeune serment par les vignes, qui
commançoit a estre vn peu duret? (je ne vous sçai
pour ceste heure dire mieus) tel peut estre ce dedans
de la Canne de Sucre plain ainsi de jus, que voyés
ce serment:lequel jus est de la saueur du Sucre &
nous fera du Sucre comme verrons. Les marchans
nous apportent quelquefois de ces Cannes pour
nouueauté a Rouan, a la Rochelle, & ailheurs non
de Madeira seulement, mais aussi de plusieurs autres lieus des païs chauts comme Pline vous dit qu'il
en y a en Inde & Arabie, parquoy en pourrés voir
& gouster sans sortir de France, pour mieus sçauoir
& entendre ce que vous en voudrois diré. Ie ne
vous sçaurois guere bien dire en quel temps on
plante lesdites Cannes, ni en quel temps on les cou-
pe, mais vous dy seulement qu'elles sont de la nature des nostres en cecy, c'est, qu'elles demandent
lieus humides autour des riuieres & ruisseaus, dont
on les arrouse souuant: autrement ne profiteroient.
La terre se lasse aussi bien de porter cela que le blé:
au moyen dequoi la lessent repouser quelque an,
puis la labourent aueque les bras premierement, &
bien peu apres aueque la charrue, a l'aureilhe: quoi
fait viennent force gens pour planter les cannes,

comme s'ensuit. Il y a vn homme qui marche deuant faisant la raie aueque la marre, ou pareil instrument. vn autre vient apres, qui par ces raies couche
les cannes (voila qu'appellons planter cannes) vn
tiers vient apres qui couure ce qui est couché &c.
sçauous pas bien comment on plante les chous &
pourreaus en mon païs? Ouy. De peu de Cannes
ainsi coucheespar les raies, viennent a naistre innu-
merables Cannes, & ce des germes & boutons qui
sont au neus desdites Cannes. Ces Cannes qu'on
plante, on les prent (si bien me souuient) là ou y a eu
Cannes au parauant. Car pour ce qu'on n'arrache
pas les Cannes, ni quon ne laboure incontinant le
champ, mais qu'on le laisse repouser, des racines &
souches naissent autres Cannes, qui sont comme
sauuages, mais qui se corrigent, quand on les vient
a planter. Les Cannes donques ainsi plantees ar-
rousees & cultiuees, sont (ce me semble) meures
en deus ans : auquel temps ils les coupent, les cu-
rent, & roignent, (la pointe ne sert qu'a faire des
liens & nourir les bestes) en font des fagots (si ger-
bes ne les aymés mieus appeller) qu'ils emmenent
du champ au moulin (ils ont là force moulins d'eaus
comme il est besoin pour cest affaire) qui est le lieu
ou se fait le Sucre. En ce moulin doit auoir beau-

coup de logis , comme verrés : mais pour moudre
le Cannes , qui eſt la premiere choſe qu'on fait , les
Cannes amenees du champ , il y a deus rouës je
ne ſçay combien grandes, mais fort larges, droiſſees
l'une ſur l'autre & portées d'un meſme arbre, ferrees
les iantes perſees, & garnies de groſſes dens de bois,
par tel compas & meſure que quand elles virent les
dens de l'une entrent dans les trous de l'autre. Aupres de ces rouës y a comme diriés vn eſcherfaut
de telle hauteur que requiert la baſſe rouë : ſur lequel
y a vn homme qui ne fait que prãdre Cannes qu'un
autre luy donne d'embas, & mettre ſur laditte baſſe
rouë : leſquelles retenues par ces dens & les rouës
ſe virans comme auons dit, l'une ſur l'autre, & l'une
contre l'autre , vous ſont eſpraintes & froiſſees en
mille pieces, & finalement tombent bois & jus enſemble en vne cuue qui eſt deſſous ladite roue. ce jus
eſt blanc. & l'appellent en leur portugalois, Caldo,
c'eſt a dire, brouet : lequel ils prenent de ceſte cuue
aueque des ſeaus , & le portent cuire. Le bois , ils
le mettent au preſſoir, & en tirent ce qu'ils peuuent,
comme nous faiſons de nos raiſons. Ie ſerois long,
ſi je vous voulois icy dire le miſtere qu'il y a a cuire
ce brouet deuant qu'il ſoit deuenu en Sucre tel qu'on
nous apporte: combien il y faut de cuiſines, de bois,

de fourneaus, de chaudieres : quantesfois oh le re-
muë d'un lieu en autre. Pour abreger donques
quand ils ont fait cuire ceste douce liqueur, tant qu'il
ne lui faut plus que la forme, pour la faire prandre
ainfi que l'auons : ils vous plantent les formes, qui
font de terre de poterie, larges par vn bout & ouuertes, pointuës par l'autre, comme voyés vn pain de
Sucre, ils les plantent, d'i je, l'une aupres de l'autre, en
vne letiere faite communement de feuilhes defdites
cannes, la pointe en bas, & parainfi le cul en haut,
par ou ils les rempliffent aujourdui de ce jus cuit,
qu'ils appellent l'ors (ce croy je) Melado, qui fe
prent & calhe là : demain tranfportent lefdittes formes ainfi plaines en vn autre lieu garni de tables fur
bancs, & treteaus toutes plaines de trous, lefquels il
les mettent la pointe en bas , comme deuant en la
letiere. Icy ha encores quelques mifteres, comme a
ouurir lefdites formes, par la pointe)(elles font auffi ouuertes par ce bout, mais quand on les remplift
premierement, on bouche ce trou d'un peu de lin-
ge) pour faire fortir du fucre vn je ne fçay quoy tel,
qu'eft ce qui vient du fromage qu'aucuns appellent
megue, autres laicton , autres relait , ainfi que les
Portugalois nomment cela remel , fi ie n'ay mal re-
tenu : Item a faire blanchir ce Sucre en ladiᵗᵗe for-

me, &c. Ie ne veus faufer mon ferment, ni n'en
dire plus que je n'en fçai, joint que l'ouir ne vaut le
voir, & que pourrés aller fur le lieu quelque jour
pour mieus entendre le tout, ou vous en enquerir a
ceus qui auront frefche memoire.

Le profit qu'auons des lettres & liures, & de la gloire de nos rimeurs, Chap. 15.

N O V s ne fçaurions affés louer le gentil efprit de
celluy, qui a trouué les lettres, ni dire combien luy
fommes tenus. Que Dieu lui donne Paradis, quiconque il foit, ou Cadme de Phœnice ou quelquun
autre, comme je me doute. Car il ne nous a pas
fait feulement ce bien, que peufsions aufsi aifement
parler a celluy qui fera a dix mille lieus de nous, que
fi le tenions par la main: mais aufsi nous a donné le
moyen que voyons (comme fi ce n'eftoit qu'aujourdui & fufsions prefens) naiftre les premiers
hommes, combatre les Affyriens contre les autres
feigneurs: Ariftote fe pourmener a Athenes, Cicero
orer a Romme, Saint Pierre & autres faints pref-
cher apres leur maiftre : qui font touteffois mors il
y a mile deus, trois, quatre, cinq mile ans. Bref il a
fait ce bien, que l'homme peut fe fouuenir & fça-
uoyr tout ce qui fe dit & fe fait en ce monde, fi ceus

qui ſçauent les letres ſont gens de bien. Ie dy gens
de bien,pour ce que j'eſtime mauuais premierement
ceus, qui nous cachent les liures des anciens, comme enuieus : Secondement ceus qui ſçauent quelque cas de bon,& ne le veulent enſeigner ni de bouche ni par eſcrit,contre l'admonition du poëte Gregeois Theognis : Tiercement , ceus , qui aiment
mieus dormir, iurogner, rire,gaudir, qu'eſcrire. Car
il ſ'en faut beaucoup que ne ſois de l'opinion de ceus
qui ſe faſchent de tant de liures : je n'ayme rien plus
moy, que force liures, & les lis tous ſ'il m'eſt poſ-
ſible, comme faiſoit Pline, pour peu de profit que
j'y ſente:& prie tout le monde d'en coinpouſer d'autres, en quelque langage que ce ſoit, quand je voy
qu'aucun le peut faire : Comme ſi c'eſt vn Theologien, qui puiſſe en mon aduis eſclarcir quelque lieu
obſcur de l'eſcriture ſainte,je le prie y mettre la main,
Vn Curé, vn vicaire, vn ſimple preſtre, je le preſche
& ſollicite,tant que je puis qu'il face liure non ſeulement de ceus qui naiſſent & meurent en la parroiſſe,mais auſsi des races & feus,& de l'eſtat de ſes par-
roiſsiens, & de l'eſtenduë & richeſſe de ſadite par-
roiſſe.Si c'eſt vn mathematicien ſ'il a rien qu'adiou-
ter a ce qu'auons des anciens tant en Arithmetique
que Geometrie,ſ'il ſçait expouſer quelque lieu dif-

ficile de ce que les anciens nous ont laiffé, qu'il pre-
ne la plume, mais fans toucher a l'efquarreure du
cercle. Vn phyficien (c'eft vn medecin en Pathe-
lin) fi l'experience luy a rien aprins de nouueau, qu'il
le nous enfegne. Vn Capitaine, qu'il face de beaus
memoires de fes faits comme Cæfar. Quelque autre gentilhomme, qui feruе le Roy ou a fa maifon
ou dehors, memoires aufsi, comme le bon Mefsire
Phelippe de Commines. Vn Prefidant en vne
court, vn Confeilher, vn Senefchal, vn aduocat, qu'il
nous donne a entendre par l'experiance fienne &
pratique, tant de lois de Iuftinian, que nous lifons
fans entendre: Item qu'il nous recuilhe fes tant bien
poifés & arreftés arrefts & fentences, pour l'inftru-
ction de ceus qui apres viendront a choir, en pareil
iugement. Vn marchant, je l'excommunie, f'il ne
fait papier de tout ce qu'il voit changer & arriuer en
marchandife, de la valeur des chofes felon le temps,
foire, & païs, &c. Vn autre d'autre eftat & vaca-
tion (pour abreger) je le fupplie de faire autre chofe,
felon fon fçauoir & pouuoyr. & par ce moyen il ne
tiendra a moy, que n'en ayons des liures. Entre autres chofes, il n'i aura païs, ville, village, bourg, e-
glife, chafteau, maifon, familhe, montagne, coli-
ne, terrier, fontaine, foit chaude ou froide, dou-

ce ou ſalee : prés, bois, vignes, &c. qui n'aye chacun
ſon liure, ou pour le moins ſon chapitre en plus
grand liure : laquelle choſe donnera vn ſingulier plaiſir a ceus, qui vindrent apres nous, quand ils pourront, ſçauoir dont ils feront venus, que Paris eſt autre choſe aujourdui que Lutetia : que ce pré fut jadis
vn bois : cete vigne vn champ a blé : cete ville vne
abbaie : & non moindre profit, quand par noſtre
liure ſe vuidront mile proces & quereles &c. Faittes
donques, faittes mes amis, faittes force liures & me-
moyres de la matiere que vous ay dite chacun de ſon
couſté, Si on ne les imprime (ils ne tiendra touteffois qu'a vous) on les eſcrira, on les gardera chacun
en ſon cofre, & lieus publiques. Faittes voſtre deuoir, & vſerés de la charité que deués a voſtre pro -
chain. Voyla le premier profit de voſtre labeur. Segondement ſi faittes quelque choſe d'exquis vous
acquerrés par là de la faueur, & du bien pour voſtre
vie : & quand ſerés morts, outre le profit que feront
vos liures a tout le monde, voſtre païs & vos ſuc-
ceſſeurs auront de la faueur par voſdits liures, comme liſons en Pline & Arrian qu'Alexandre le grand
a la prinſe & pilhe de Thebes ville de Grece, fit crier a ſon de trompe, que ſur peine de la hart, nul
n'euſt a toucher a la maiſon du poëte Pindare, qui

eſtoit mort il y auoit plus de cent je ne ſçai combien
d'ans. Aions des liures pour l'amour de Dieu. Qu'il
n'y aye arbre, marbre, ni autre pierre, qui ne parle
n'eſpargnés parchemin ni papier. Eſcriuons tous,
ſçauans & non ſçauans : mais en ceſte intention,
de profiter. & ſi d'auanture nous autres ſçauons ſi
peu, que n'eſcriuons rien qui valhe, noſtre intention pour le moins ne peut eſtre blaſmee, & ſi ſeruira
encores le papier de nos liures, ſoient eſcrits ou imprimés, aus damoiſelles qui vendent les ſenteurs a
Petit pont. mais au contraire ſi Dieu nous a fait ceſte grace, que puiſſons eſcrire choſe de valeur (autrement ne ſerois certes d'aduis de mettre la main
a l'eſcritoire, & vaudroit autant ſe dormir, quand
tout eſt dit) cela ne ſçauroit eſtre de ſi peu d'eſtime, que le profit n'en ſoit grand, ſi peu de temps
que dure le liure. Peu de temps je di, pource que
les meilheurs & les plus fins ne ſont de longue du-
ree. Les changemens d'Empires & langages: l'eau,
le feu, les guerres, les rats, les teignes, les ignorans
des letres, ont fait perir la plus grand part des liures
des anciens, & des meilheurs : Parquoy ceus ſont
bien abuſés & mal inſtruits, qui ne ſe mettent a faire liures, ſi non ſeulement pour ſe cuider faire im-
mortels par leurs eſcrits. O pauures hommes, eſ-

tes vous si peu hommes que cela? N'aués vous jamais ouy precher a vos philosophes, que dessoubs
la Lune n'i a rien qui ne soit subiet a la mort, fors
les esprits que Dieu a donné aus hommes? & vous
voulés vous immortalizer par vos escrits? Ie vous
prie dites moy, ou sont les liures du poëte Enne,
lesquels il composoit (dit Orace) apres auoir bien
joué des gobellets, là ou il a escrit, qu'il ne vouloit
que personne le plourast a son enterrement, & qu'il
viuoit a tout jamais sans fin par les bouches des
hommes?

Iámque opus exegi, quod nec Iouis ira, nec ignis
Nec poterit ferrum, nec edax abolere vetustas.

C'est bien dit a vous, maistre Ouide, de vous & de
vos liures: desquels la meilheure partie est perie, &
ce qui reste tant gasté, qu'on n'i voit quasi rien a
plain midi. Mais Orace quoy?

Exegi monumentum ære perennius,
Regalíque situ Pyramidum altius:
Quod non imber edax, non Aquilo impotens
Possit diruere, aut innumerabilis
Annorum series, &c.

he menestrier mon ami, ton langage n'est desja pas
la moitié entendu, & verras vn de ces jours vn prince estranger en ta Romme qui acheuera (a mon
grand

rand regret) ce qui eſt fort auancé : & adieu tes
loires. I'endure touteſſois encores tellement quel-
ement ceſte folle eſperance & ventance par trop
rande en ces gens là : mais nous qui auons eu au—
e diſcipline , & veu plus que ces anciens la, deuri-
ns nous pas eſtre plus ſages? perſiſterons nous en
ur folie? que dije perſiſter? mais l'augmenterons?
Non poſſum ferre Quirites , vn tas de Rimeurs de
e temps, qui amenent en noſtre tant chaſte France
outes les bougreries des anciens Gregeois & La-
ins, rempliſſants leurs liures d'Odes (en ma premie-
e eſcorcherie le grand feſſeur me diſoit, qu'Ode
eſtoit a dire *Oda*, & *Oda* Ode , comme *vecordia* la
Vecorde) de Strophe, Antiſtrophe, Epode & d'autres tels noms de Diables , autant a propos en noſtre François, que *Magnificat* a matines, mais pour
dire qu'en auons ouy parler du Pindare : & ne vous
ſçauroiét faire trois vers, qu'ils ne mediſent d'autrui,
ne ſe louent iuſques au dernier Ciel, & finalement
ne ſe croient immortelz. La м о в т ni mort, dit
lun. l'autre R

Ce Chapitre eſt imperfait.

Une braue response que fit l'ambassade de Gau-
le a Alexandre le Grand,   *Chap: 16.*

AMIS, la presente sera pour vous aduertir,
que si pouués entendre les aucteurs en leurs langues, ne vous fiés es translations. Car Politien mesme, duquel on trouue l'Herodien si bon, a tout gasté l'edifice, qui fut fait pour bruler le corps de l'Empereur Seuere. Nous auons vn aucteur Gregeois
nomme Arrien, qui a fait huit liures des faits &
gestes d'Alexandre le grand. Au premier il compte, que quand ledit Alexandre eut vaincu les Getes
& rasé leur ville, qui estoit de là la riuiere du D'anu-
be, qui celle part s'appelle Istre, il luy vint ambassa-
des de tous coustés des Rois & seigneuries prochaines, & entre autres des Celtes (les Grecs appellent
Celtes communement ceus que les Romains nomment Gaulois) qui se tienent aupres de la mer Ionique : qui sont (dit il) grands hommes (je croy
bien qu'on n'enuoya pas là des plus petis du païs)
& ont le cœur haut. Tous ces gens icy venoient
vers Alexandre pour luy demander son amitié: &
demanda a ses beaus garsons de Celtes vn jour qu'il
les festoit (comme dit Strabon) apres auoir vn peu
hausé le temps, ainsi que sçaués qu'il estoit grād jou-

de gobeles, que c'eſtoit qu'ils craignient le plus
ce monde, Alexandre qui eſtoit prince de grand
eur, & jeune de vint ou vint & vn an, tout tranſ-
rté de gloire, a cauſe de l'heur qu'il auoit deſja eu
ſes grandes & haſardeuſes entreprinſes, & ſ'aſ-
ant qu'il ne pouuoit eſtre que deſja tout le mon-
ne fuſt plain du bruit de ſes victoires d'un bout
que a l'autre, ſ'attendoit que ces gens diſſent, qu'-
ne craignoient rien plus que luy: mais il fut trom-
de plus de moitié de iuſte pris.   Car il auoit affe-
a gens qui ne ſ'eſtimoient moins que luy, voient qu'il eſtoient loing de luy, & luy qu'il prenoit
tre chemin que deuers leur païs : & parainſi luy
ent reſponſe telle que meritoit ſon outrecuidance,
luy dirent, que la choſe de ce monde qu'ils crai-
oient le plus, eſtoit, que le ciel ne tombaſt ſur eus.
lexandre ſe contenta de cete reſponſe, les appel-
ſes amis, fit confederation aueque eus, & leur
nna congé de ſ'en retourner en leur païs, diſant
ilement ce petit mot, a cauſe de la ſuſdite reſ-
nſe, Que les Celtes ſont fieres gens. Pour reue-
a noz tranſlateurs, celui qui a tranſlaté en Latin
te hiſtoire (au moins celui que i'ay veu) en lieu
Celtes ou Gaulois il ha mis les Germains, que
us appellons Alemans, & deuinés pourquoy?

Pour gater l'hiſtoire comme font pluſieurs autres
gateurs de liures, qui changent tout ce qu'ils ne peuuent entendre. Le golphe Ionique eſt la mer qu'appellons Adriatique & de Venize, comme cogniſ-
trés par Strabon au liure ſeptieſme : & trouuoit eſtrange ledit tranſlateur que les Gaulois fuſſent pres
de ceſte mer là , comme s'il n'y auoit Gaulois ſinon icy en noſtre Gaule bornee de la mer Narbo-
noiſe, des mons Pyrenees, de l'ocean, du Rein , &
des mons des Alpes. Il ſemble qu'il n'auoit leu que
Strabon & autres Geographes coinptent , que nos
anciens Gaulois ſont en grand nombre paſſé en I-
talie & Alemagne, & tenu partie d'icelle, & de Hongrie, & du païs qui eſt au long de ladite mer Adriatique deça & dela, &c.

Des langages deſquels eſt compoſé noſtre Fran-
çois, & des etymologies d'aucuns mots Fran-
çois, Chap. 17.

CELLVY qui entendra noſtre langage, appellé pour le jourduy François , & ancienement Roman : & qui quant & quant entendra le Gregeois
& le Latin, je ne doute , qu'il ne confeſſe , que ledit
François vſe de beaucoup de mots Grecs , & plus
de Latins : mais il y a du danger a vouloir tirer deſ-

dits Gregeois & Latins tout ledit François. Aux
Ebreux, je ne voy point que puiffons deuoir grand
chofe, combien que feu maiftre Guilhaume Nico-
las fe foit autrefois mis en pourpoint pour me fere
entendre que fa ville de laRochelle auoit eu ce nom
d'un mot Ebrieu : mais je ne fuis cellui qui croit
incontinât a la volee tout ce qu'on dit. *Probendi funt
fpiritus*, s'ils font de Dieu & de verité. Quant les Romains ont efté feigneurs de ce païs, ils y ont femé
leur Latin : mais d'ou nous vient ce Grec? Ie n'en
fçay rien, fors qu'en la Gaule Narbonoife, qui f'appelle aujourdhuy Prouence, Languedoc, font venus
jadis demourer force Grecs, & ont là bafty plufieurs
villes, defquelles l'une eft Marfeilhe, comme vous
diront Strabon, Iuftin, & autres : en laquelle ville
de Marfeilhe on parloir jadis trois langues, la Greque, Latine, & Gauloife, ce dit faint Ierome au pro-
efme du fegond liure de fes commentaires fur l'e-
piftre *ad Galatas*, là ou il dit aufsi dauantage, que la
Guienne fe difoit anciennement eftre pareilhement
de nation greque. Les hiftoires anciennes font per-
dues, qui parloient de cefte origine de Guiennois,
mais cela fuffift, qu'on voit par cet aucteur, qu'ils
font fortis de la Grece. Ainfi y a eu jadis trois langues en la Guienne, comme en Marfeilhe, & ainfi

voit on que noſtre Gaule peut auoir prins beaucoup de mots de ces Grecs icy. Quant eſt des Troïens, ores qu'ils fuſſent venus en la Gaule(que je ne
puis encores croire) ceus la ne nous pourroient a-
uoir apporté tant de Grec : Car ils ne le parloient
pas, en mon aduis, mais ſeulement leur Phrygien.
Car les Grecs, ils appellent le pain *Artos*, & les
Troïens comment le nomment ils? *Bec*, ce dit He-
rodote au commancement du ſegond liure. Voila langages differens. Que ſi me venés dire, que l'A-
ſie a finalement prins le langage Gregeois, a cauſe de
la ſeigneurie des Grecs, qui a paſſé la mer, & du
grand nombre des villes par les Gregeois baſties en
ladite Aſie : je vous confeſſeray que c'eſt verité,
mais en quel temps? deuant la guerre de Troie? Il
me faudroit prouuer cela pour gaigner ſa cauſe. Car
ſi Enee prince Troïen parle Grec en Homere, ſi
fait il auſſi Latin en Virgile, & François es rimes
d'Octauien de ſaint Gelais jadis eueſque d'Angou-
leſme. Mais nous auons donques force Grec en
noſtre François? Il le me ſemble, toutefois non
tant en mon aduis, comme aucuns me veulent fere
croire. Car Guilhaume Budé, ce tant ſçauant Pa-
riſien ne m'a jamais peu fere entrer en ma dure teſte
que l'A R R E S T de la court de parlement, & l'hom-

me arreſté ſoient tirés *d'Areſcomai*, qui eſt adire
laire & de *Areſton*, qui ſignifie dous, plaiſant, &
raitablé. Cela n'eſt la propre ſignification d'Arreſt.
Nous appellons proprement Arreſt, ce qui empeſ-
che d'aller & paſſer plus outre, teſmoing l'arreſt de
la lance. & de là vient arreſter, comme ſ'il eſtoit de
quelque *arreſtare* (ainſi dit on en Latin de plaide-
rie) ou *arreſiſtere*. Car le Latin *reſtare*, *ſiſtere*, &
reſiſtere, ont telle ſignification qu'arreſter. Or
nous auons diuerſes ſeigneuries & pluſieurs degrés de ſeigneurs, qui ont iuriſdiction : leſquelles
ſont toutes ſubjettes a la juriſdiction du Roy.
Ainſi marchent nos proces de ſeigneur a ſeigneur,
juſques a ce, qu'ils ſoient venus deuant le Roy.
lequel ne pouuant ſeul en perſonne ſuffire a ac-
corder nos differens, ha en quelques quartiers de
ſon Roiaume ordonné gens pour luy & courts,
qu'appellons parlements. Qu'ant donques le ſeigneur du village a condemné Robinea de paier le
bot caſſé, il en appelle, & vient finalement tout bel-
lement ainſi en appellant, iuſques deuant les juges
ſouuerains & derniers : là ou ſe faut arreſter, deſquels n'y a appel. Voila donques l'arreſt de Robinea, la ſentence de ces ſouuerains juges. Ie penſe
telle eſtre l'etymologie du nom d'arreſt es courts

ſouueräines. Et la Galoche pourquoy viendra elle
plus toſt du Grec *Calopus* que du Latin *Gallica?* duquel vous parle Gelle au Chapitre *2 0*, du liure *1 3*,
de ſes nuits Attiques? Feu, qui brule, ne vient point
du Grec *pyr*, non, mais de *Focus* pluſtoſt: ni coint d'al-
lheurs que de *comptus*. Et auiſer pourquoy ne ſorti-
ra il de viſer. Vilein ou plus toſt vilain, comme là ont
vn a pour e nos voiſins plus Latiniſans que nous,
qui le nous fait arracher du Grec pour vne letre ou
deus? De *Urbs* vient *Urbanus*, & a lon fait de *villa*
villanus, & dela voſtre vilein. Cens & rente qu'eſt
ce? *Cenſus* & cenſe n'ont ils rien proche? Metairie
pourquoy ne viendra elle de *medietas?* les Metairies
ſont en mon païs, qu'on laboure & fait a moitié de
profit. *Sarculum* eſt vn inſtrument pour ſarcler,
dont trouuerés *ſarculare* verbes es Latins ruſtiques.
Parrete de Paris eſt Perrete de mondit païs, & ra-
ptaſſer vaut repetaſſer de petas. l'un fait l'autre. Les
Latins diſent *paſſus* & nous pas, dont vient paſſer.
Mantellum eſt mot Latin dont auons prins noſtre
manteau contre la pluie. l'appelle jarretieres proprement de quoy je lie mes iarrets. Affin eſt a dire
adfinem. Ie ne croy pas que aimat ſoit *praſentis*
temporis en Gaſcoigne, & quand nous autres François diſons aus Brettans qu'ils ont emprunté des
Grecs

os leur langage, ils se mocquent de nous, & di-
, que c'est au contraire, Que les Grecs ont pi-
les Brettans. Ont ils pas raison? Ban & bannir
vieus mots Gaulois ou François, comme vous
ont les Alemans. Vne besse en plusieurs lieus de
nce est vn lieu bas, & vne valee. Il y a en Hesio-
essa en ceste mesme signification, pourquoy
tirerons nous abesser, si ne voulés dire qu'—
ser, se dit pour abesser de nostre bas, qu'on tire
asis? Pièce est Attique François: pece Ionique.
estui peut venir despecer pour mettre en pieces.
isser se dit plus tost que dresser, pource qu'il
ble, qu'il vient de droit. *Titio* est vn tison: de
ort attiser ou attizer le bois au feu, & les coleres.
ir fere fin, qui voudra ainsi resuer apres ces ety-
logies, prestera force ris pour ceus, qui auront
te vn peu saine. Car combien pensés vous qu'il
e de mots, qui se ressemblent en tant de langa-
qu'il y a parmi le monde, qui ne se cogneurent
ais, mais ont esté forgés a l'auenture sans sçauoir
l'un de l'autre? *Bec* (comme auons dit de-
te) est a dire pain en Phrygie, ou fut Troie, &
n France est la bouche (diray je ainsi) d'un oy-
& de l'homme aussi quelque fois. Songeray-
onques incontinant que nostre *bec* est venu de

K

Troïe, pource qu'on met le pain au bec pour le manger. Il y aura deus mots, qui se commanceront par mesme lettre, qui auront deus ou trois lettres semblables, & je diray que l'un est fils de l'autre tout incontinant? & non feray : Ie ne seray point, si songe-creus, beausire, de paour qu'on ne s'en moque. Car que fit Monsieur maistre Marc, quand son grand amy, & le plus sçauant des Romains Varron, luy voulut fere croire qu'*ager* qui est Grec *agros*, estoit sorti du Latin *ago*, qui est à dire fere, *quod in agro agatur aliquid?* il se print si fort à rire, que s'il eust eu des chausses comme nous, on dit qu'il les eust toutes compissées, si pis n'eust fait, & en fit ces deus vers.

Fundum Varro vocat, quem possis mittere funda:
Ni tamen exciderit, qua cana à funda patet.

De l'inuention de l'artillerie, & de l'impression, & des quadrans & compas de mer, & de la proprieté de la pierre d'Aimant, Chap. 18.

CE V s qui de nostre temps se sont esbatus à chercher les inuenteurs des choses, & en quel temps elles ont esté trouuées, comme qui trouua premier le vin bon : qui fit la premiere nauire : qui chanta le premier par nature, qui trouua despuis B quarré

& B mol qui ne font fi aifés : qui fit le premier pet à
Romme & c. difent que le fait d'artilherie fe trouua en Allemagne, par je ne fçay qui, enuiron l'an
mil trois cens cinquante : & l'art d'impreffion quelque cent ans apres: que pluft a Dieu qu'elle euft efté
trouuee deus mile ans deuant pour le moins. nous
aurions force bons liures, qui fe font perdus par fau-
e d'efcrire.

Quant eft de l'artilherie, je ne fçay que fouhaiter
u Moine, qu'on me dit l'auoir inuentee. Car je
_oute fi elle eft tant diabolique & pernicieufe au
genre humain, comme on la fait : pource que d'autant qu'elle eft colere & forte, plus la craignent voire les plus galants & cheualureus. Vn Hector, vng
Roland, armé & monté jadis comme portoit fa
puiffance, ne craignoit rien. en vn jour euft cheuau-
ché fur le ventre de cinquante mile hommes. Mais
aujourdui vn tel n'a loy d'ainfi f'efcarmoucher en v-
ne bataílhe: ains n'eft befoin d'Achilles pour ceft
Hector : car le plus foible de la compaignie vous
l'enuoyera en l'autre monde par vne petite pillule
de Rhabarbaro, plus vifte que vent. voila comment
il me femble que je ne voy point les grandes jour-
nees & defaictes du temps jadis. mais vn clere d'armes. Leffons cela, & que je vous demande, fi mal

ſçauriés dire, quant on a aduiſé premierement e
l'Aimant ceſte vertu de fere tourner vne broche
aguilhe de fer l'un bout vers le Septentrion, l'aut
vers le Midi? car de ma part je n'en ay rien leu, qu
m'en ſouuiene es autheurs anciés: & ne doute poi
que ce ne ſoit auſſi inuention nouuelle, quelque pe
plus vielhe que celle de l'artillerie. Quant eſt de l'a
tre proprieté de ladite pierre, qui eſt d'attirer le fer
elle, & de le retenir, nous en auons des eſcrits fai
il y a plus de deus mile ans: & liſons qu'vn berg
nommé Magnes (duquel la pierre porte le nom e
Grec & Latin) la trouua en Inde, vn jour en ſuiua
ſon troupeau par ces pierres, auſquelles il fut con
traint quitter ſa houlete & Galloches ferrees. Plir
vous dira au 3 6 liure de l'hiſtoire Naturelle, qu
ceſte pierre eſt communement de couleur noire
rouſſe (j'en ay veu de telle, de la groſſeur de la teſt
& de plus petites, & plus grandes) & qu'il ne ſe
trouue pas ſeulemét en Inde, mais auſſi en pluſieu
autres païs, comme en Ethiopie, Macedoine, Bœ
tie, Phrygie, & Eſpagne. C'eſt donques ce Ma
gnes, qu'auons appellé l'Aimant, a cauſe (peut eſtre
que cete pierre aime ainſi le fer, qu'elle le fait ven
a elle & le retient, voire iuſques a le conſumer fin
blement: de laquelle nous auons plaiſir & profit in

ſtimable en nos petits horologes, que portons communement en la poche & bourſe, & qu'appellons
quadrans : & es quadrans de mer que nos mareāts
nomment compas : eſquels deus inſtruments, cete
ierre a vn meſme effet, qui eſt (comme auons
dit) qu'elle vous monſtre le Septentrion & le Midi.
Mele, Pline, & Solin comptent pour grands mer—
ueilhes de quelques gens, qui eſtoient par fortune
venus par mer d'Inde juſques en Alemagne:& d'autres,de la Mer Rouge iuſques en Eſpagne: & maintenant cela eſt ſi commun aus Portugalois, que perſonne ne ſen eſmerueilhe plus. Et d'ou vient cela? qui a premier enſeigné ceſte voie? l'Aimant.non
pas que le chemin fut difficile beaucoup a trouuer,
mais malaiſé a tenir, pource qu'il eſtoit tant large &
ouuert, qu'on ſi eſgaroit : & le plus ſouuant on ne
ſçauoit ſi on alloit le long d'icellui, ou ſi on le tra-
uerſoit: de ſorte que cellui qui l'entreprenoit, ne
pouuoit mieus eſperer, que de ſaller perdre ou de
faim ou autrement : mais ce compas, par la vertu de
l'Aimant, vous monſtrera touſjdurs, a toute heu—
re, ſoit de nuit ou de jour ſi vous allés de long ou de
trauers. Il ne faut que ſçauoir ou vous aués intention d'aller : il vous y guidera. La rondeur d'icellui
eſt diuiſée en trente & deus parties, qui ſignifient là

K iij

le monde diuiſé en autant de pars. Sachés donques
vers quelle partie de ces trente deus eſt le lieu ou
vous voulés aller : gouuernés icy, & ayés vent en
poupe, vous y ſerés de belle heure. Ainſi allons
nous maintenant par la mer là ou bon nous ſemble,
en toutes les terres & païs du monde, que les anciens ne ſçauoient fere. C'eſt là le bien & profit que
nous a fait l'Aimant, & cellui qui a trouué le premier
qu'une broche, vne aguilhe, vne petite louzange de
fer ou d'acier, qui eſt plus fort, eſtant miſe en balan-
ce ſur vne petite pointe de cuyure ou leçton, touchee l'un des bouts, de la pierre d'Aimant, nous
monſtre d'un bout le Septentrion, & le Midi de l'autre, pour le moins bien pres de là : car a la verité elle
cherche ſon Septentrion vn peu deuers l'orient, &
ſon Midi autant ſur l'occident : ce que cognoiſtrés
auoir eſté aduiſé es ſuſdits petis horologes. Car pour
droiſſer droit au midi le fil qui par ſon ombre nous
monſtre les heures (le haut bout dudit fil, nous doit
monſtrer le pole du Septentrion, nommé Arcti-
que, & l'autre le pole du Midi, qu'on appelle Antar-
ctique, de ſorte que ce fil ſoit en l'eſſieu du monde,
& dedans le cercle du Midi) pour droiſſer ce fil, di je
droit ſoubs le Midi les ouuriers ont peint vn peu de
trauers dudit fil, au fond de l'horologe, la figure de

l'aguilhe, sur laquelle se doit droisser ladite aguilhe
mouuante, en tournant ledit instrument, quant on
veut sçauoir l'heure. Ie voudrois que quelque Ma-
ge eust trouué les causes & raisons des proprie-
tés de ceste pierre, asçauoir, pourquoy elle est ainsi
amoureuse du fer, ou le fer d'elle, & aussi pourquoy
elle fait ainsi tourner le fer vers vne certaine partie
du monde, & nous eust asseuré de ladite partie, si
c'est le vray point du pole, ou quelque autre du cos-
té d'icellui. Quelquun m'a autrefois dit, que la cause
pourquoy en ce païs icy ceste aguilhe ne regardoit
droit le Septentrion & Midi, estoit que ceste pierre
qui l'auoit touchee auroit esté prinse en païs plus ori-
ental ou occidental, & que ce fer, qui en auoit eu vn
baisé, puis separé d'aueques elle, comme s'il auoit
d'elle entendu de quel païs elle estoit, estant par ce
dous attouchement tant mon amy d'elle, qu'il ne la
peut oblier, la va chercher au païs dont elle est. Mais
pour estre asseuré de cela, il faudroit fere experiance
au païs ou elle se prent, si elle va plus droit qu'en ce
païs icy. Ie me suis quelque fois enquis de ce mi-
raculeus effet de l'Aimant aus Portugalois, qui font
ceste grande nauigation d'Inde: mais quelquun m'a
dit, qu'il auroit experimenté, on voïageant ça & là,
que l'Aguilhe (ils appellent ainsi tout l'instrument)

alloit droit ſoubs le Midi en deus lieus : l'un aus iſles
qu'ils appellent *Terceiras*, en le parallele de Liſbone
ville de Portugal : & l'autre en la mer de Perſe (ne
me ſouuient comment l'appelloit autrement) &
que de tant plus qu'on ſ'eſlogne deſdits lieus , de
tant plus foruoye ladite Aguilhe : auſſi au contraire de tant plus qu'on ſ'en approche , elle ſe renge , a
la dite ligne du Midi. Et m'ont dit tous les faiſeurs
de compas, que j'ay veu, qu'en leur auis ce foruoie-
ment eſt de la moitié d'une des ſuſdittes trentedeus
parties , qui eſt vne ſoixantequatrieſme partie de
tout le cercle. Mais on m'a dit vne autre choſe de
ceſte pierre, qui ne ſe doit taire. C'eſt qu'en icelle
y a contraires effects, c'eſt a dire, que trouuerés en
elle vn endroit, qui fera tourner vers le Septentrion
ce qui en aura eſté touché, & vn autre le fera vers le
Midy : & qu'on trouuera cela en toutes les pieces
que pourriés fere de voſtredite pierrre, la miſſiés
vous en mile lopins.

Que c'eſt Conus, Quille, Pyramide, Obeliſque:
& quelques doubtes touchant vn Obeliſque
de Romme , duquel Pline parle. Chap. 19.

CONOS eſt Grec, que les Latins changent en
Conus : & ſignifie vne quilhe : duquel nom de *Conus*

peut

peut auoir efté tiré ledit nom de quilhe, comme de
ſon diminutif *Conulus* ou *Conellus* : mais le genre
change. *Conos* auſſi eſt adire vne nois ou fruit de
pin en Galien, ſi bien me ſouuient : & *Conos* parei-
hemét ſ'appelle tout arbre duquel la figure reſſem-
ble ayne quilhe, comme voiés d'un ciprés, & meſ-
nement tant qu'il eſt jeune. Ie me douterois, que
Conos aïe eſté premierement tel fruit & tel arbre:
puis par ſemblance ce que nous appellons vne quilhe. Ceus ne ſauent guere de Geometrie, ce penſe
ie, leſquels prenent *Conus* & *Pyramis* (*Pyramis* eſt
auſſi Grec) pour vne meſme choſe : Car Pyramide
(ainſi ſe dit *Pyramis* en noſtre France) a bien le
pié large, monte & ſ'acheue en pointe, comme la
quilhe, & le *Conos* : mais ceus cy ſont de figure ronde, & la pyramide non. Vous verrés en Pline (tu
as veu cela en Pline? fit vn Doien de par le monde a
ſon ſçauant neueu, qui en quelque compaignee alle-
guoit quelque choſe de l'hiſtoire Naturelle de *Pli-*
nius: penſant le bon homme, que Pline fuſt vn païs,
comme Italie, Grece, Eſpagne. Tu te moques bien
de nous, dit il, de nous dire qu'as veu cela en Pline,
& tu n'i fus jamais. Tu n'es encores ſorti de France, & n'es allé jamais plus loing que Paris) vous ver-
res, di je, en Pline, qu'elles eſtoient les pyramides

l

d'Egypte , qui compte que trois cens soixante mile hommes furent vingt ans a en fere vne : & qu'on
fut septante huit ans quatre mois a en fere trois : &
qu'il si despendit en rifors, aus, & oignons , mile &
huit cens talents , qui n'est moins d'un milion d'or
& *8 o* mile escus. Mais il y auoit vne autre sorte de
Pyramide , qu'ils nommoient obelisque , c'est adire
obeliscos, qui est aussi mot Gregeois, & signifie petite broche & haste : car c'est vn diminutif de *obelos,*
qui est adire vne broche:broche je di,dont lon vse a
rostir viandes. Et ces obelisques, peut estre, se sont
appellés ainsi, pour estre semblables a pétites bro-
chetes quarrees : & de ce nom diminutif, pource
que telles pyramides estoient bien petites au pris des
autres. Car les obelisques se faisoient d'une seule
pierre, & les pyramides de plusieurs pieces: & estoient grandes a merueilhes lesdites Pyramides,
comme celle qui auoit huit journaus (*octo iugera,* a-
iant le *iugerum* deus cens quarente pieds de long &
cent & vingt de large) d'assiete & de pié, qui estoit
quarré. Dauantage, les pyramides estoient faittes
a degrés , de sorte , qu'on pouuoit monter par dessus iusques a la sime , ainsi que par vn escalier : mais
l'obelisque je me doute qu'il n'auoit ces degrés. Pline parle de plusieurs obelisques (c'est au liure tren-

I

tefizieſme) & entre autres de deus amenés d'E-
gypte a Romme , deſquels l'un auoit de hauteur
cent & vingt & cinq pieds & trois quars ſans com-
prandre la baſe, qui eſtoit de meſme pierre. L'autre eſtoit moindre de neuf pieds. De ceſtui il com-
te deus ou trois choſes, que je ne puis entendre ſans
l'aide des ſçauans. Et premierement cecy qu'il dit,
que cet obeliſque , affin qu'il ſeruiſt d'autre choſe,
que de ſe tenir là debout pour ſe fere regarder & fere eſmerueilher les gens d'une telle piere ainſi droiſ-
ſee : Auguſte Ceſar trouua le moien de le fere ſeruir a monſtrer les ombres du ſoleil, & la quantité
des jours & nuits tout le long de l'an. Et comment
cela? C'eſt que tirant la part ou va l'ombre a l'heure du midi, il fit coucher vne pierre (veut il dire
vne ſeule ou pluſieurs aſſemblees?) dedans laquelle
y auoit des regles d'erain , là ou il eſtoit marqué &
eſcrit, combien ſ'eſtendoit l'ombre, & duroit le iour
& la nuiᶜt en tel temps, & en tel de l'annee. Voicy
donq' mon premier doute, ſi ceſte pierre ainſi couchee touchoit d'un bout au pié de l'obeliſque (qui
eſtoit neceſſaire.) & ſi Pline veut dire q'uelle fuſt
uſtement, & non plus ni moins longue que ledit o-
beliſque. Car ſ'il veut dire cela il me ſemble, que je
prouuerois bien, que ladite pierre ne ſeruiroit a tou-

I iij

tes les ombres & jours de l'année. Il dit puis apres
qu'un mathematicien nommé Manlius (il peut estre que ce fut le poëte Latin *Marcus Manilius*, duquel on a des liures d'astrologie) mit sur la pointe de
ce dit obelisque vne pile (*pilam* l'appellet il, que nous
pourrons dire pomme, pource qu'auons accoustumé de mettre en tels lieus quelque chose ronde, qui
ressemble vne pomme) ou pomme doree , & de
telle raison, que son ombre si perdoit en elle, & ne
descendoit jusques en la susdite pierre couchee, ains
estoit le bout de l'obelisque, qui comme au parauant donnoit tousjours, & marquoit l'ombre : aïant (dit l'aucteur) ce mathematicien prins sa consideration sur la teste de l'homme. C'est icy mon
autre doute. Car se peut il fere, qu'vne chouëte etant perchee sur vne girouëte, ne face ombre aussi
bien que ladite girouëte? Il est bien vray, que la
boule que vous tenés entre les mains, & qui de la fait
ombre sur la terre, que vous la pourrés jeter si haut
en l'air, le soleil raïant, que son ombre se perdra : &
comme dit Pline au segond liure, on voit souuant
les oizeaus voler si haut, que leur ombre ne se voit
sur la terre , ains se consume en l'air. Mais ceste
pomme doree n'estoit comme vn oizeau volant
en l'air puis qu'elle estoit pousee sur la pointe de l'o-

belifque : parquoy faut que l'ombre de l'obelifque
fuft continuee iufques a la hauteur de laditte pomme,comme prouueroit vn Geometre, ores que par
les couftés l'ombre f'amaffaft bien fort. Comment
donques eftoit mife cefte pomme fur la fime de l'o-
belifque, qui au bas monftroit ce qu'auons dit deuant? Eft ce que l'obelifque fuft mouce comme les
efpaules de l'homme, & tant efpointé, que l'ombre
de la pomme euft là affés d'efpace pour f'y confumer
fans jamais pouuoir defcendre en la place? fi l'obelifque eftoit pointu tant qu'eftre le pouuoit pour l'ar-
reft de l'ombre en la place, mais que la pomme eftoit fur la pointe d'icellui quelque peu efleuee, fouf-
tenuë & attachee de quelque broche de fer, ou
d'erain, doree, & fort deliee? Ainfi fe pourroit jeter vne boule fi haut en l'air, que fon ombre fe per-
droit deuant que venir en terre, comme auons dit
d'un oizeau qui vole haut: & fe pourroit mettre fur
la pointe d'un clocher de telle forte, que fon ombre fe perdoit, pourueu qu'elle euft la groffeur rai-
fonnee a la hauteur du lieu ou lon la mettoit, &
qu'elle ne touchaft a la pointe dudit clocher, mais
fuft là atachee comme auons dit. Et quant a ce
que dit là Pline, qu'en fon temps cet obelifque fai-
foit faute a ce qu'Augufte l'auoit ordonné: je ne croi

que ce fuſt pour raiſon que la terre euſt changé
de place:mais il peut bien eſtre que les tremblemens
de terre & derriuemens de la riuiere prochaine , l'a-
uoient fait courber & pendre quelque petit, pluſtoſt, que baiſſer, ſ'il auoit comme on diſoit , autant
de fondement , comme il eſtoit haut : & eſt auſſi
treſ-urai, que le diuers mouuement du ciel pouuoit
eſtre quelque cauſe de cela. Car puis que le ſoleil ſe
recule & eſloigne des poles , c'eſt adire, que l'eſté il
ne ſ'approche ſi pres de nous comme il faiſoit du
temps d'Auguſte , ainſi que diſent les experts : ne
faut il pas, qu'aujourdui nos ombres de l'eſté ſoient
plus longues, & celles de l'hiuer plus courtes qu'au
temps paſſé? Il n'eſt pas bon donques de ſe fier trop
lon temps aus heures d'ung cylindre, & d'un horologe qui eſt fait a la ſemblance d'une eſchele , & regarde droit l'orient ou occident.

Des trois riuieres du païs d'Engoumou, la Tou-
ure, Tardouere & Bandiac, & vn lieu de
Marot expouſé. Auſſi d'vn ſepulchre trou-
ue ſoubs terre audit païs. Chap. 20.

ON liſt dans les geographes & poëtes, que la riuiere d'Alphee vient de Peloponneſe, (qui ſ'appelle maintenant Moree) par deſſous la mer & la terre

re sortir en l'isle de Sicile, & fere là la fontaine d'A-
rethusa. Ie ne sçai, si cela est vray : mais il est bien
plus aisé a croire ce, que les Engoumoisins trouuent
de leur Touure, & de leurs Bandiac & Tardouere,
qui est, que ces deus riuieres viennent par sous terre fere ladite riuiere de Touure. Car entre la Mo-
rée & la Sicile y a pour le moins plus de trois cens
lieus de mer & le droit chemin : & des la Touure
iusques au Bandiac & la Tardouere n'en y a pas plus
de deus ou trois, & toute terre. Ces Tardouere
& Bandiac sont deus petites riuieres, qui viennent
des païs de Limousin & Perigort se rendre au païs
d'Engoumois : & là en certains endroits perdent
entierement toute leur eau, quand le temps est sec,
comme l'esté communement : mais au temps que
les eaus sont grandes, comme il se fait communement l'hyuer, ces deus riuieres ont plus d'eau,
qu'il ne s'en peut escouler par leurs trous & gouffres,
& s'en viennent ainsi descharger du reste de leur eau
en la riuiere de Charante, laquelle par Engoulesme,
Congnac, & Saintes s'en va rendre en la grand mer.
La Touure, laquelle descent aussi en la Charente,
fort a deus lieus Françoises ou entiron de ladite
ville d'Enguolesme, ou elle ha plusieurs sources en
peu d'espaces, au pié d'un tertre, sur lequel verrés

les ruïnes d'un chasteau qui semble auoir autrefois
esté assés fort & braue. La plus grande de ses sources vous puis-je comparer a quelque grand & large
puis, qui jeteroit eau a plaine bouche tout rasibus
terre, sans fere bruit aucun, grandes ondes, ni escu-
mes. Cesdites sources jetent eau presque tousjours
d'une sorte, & ainsi ne croist jamais beaucoup la
riuiere de Touure, qui n'a guere autre eau, que de
ses fontaines là. Elle ha beaucoup plus d'auantage
en largeur, qu'en profondeur : & vous diront les
Engoumoisins de la beauté d'icelle & fertilité, que
c'est la riuiere couuerte de Cygnes, pauee de Truites,
& bordee d'Anguilhes & Escreuisses : qui est ce
qu'a voulu dire Clement Marot en la bergerie, qu'il
a faitte sur le trespas de Loïse de Sauoïe, quand
il dit,

La pauure Touure arrousant Engoulesme
A son paué de Truites tout destruit:
Et sur son eau chantent de jour & nuit
Les Cygnes blancs, dont toute elle est couuerte.

Cete riuiere de Touure & ses sources, sont des plus
grans merueilhes & choses dignes de voir, qui soy-
ent en Engoumois : auquel païs je vous prie, que
je vous conte ce qui s'est n'agueres trouué, chose
qui merite, en mon aduis, estre publiee & com-
muniquee

muniquee entre ceus, qui admirent les chofes anti-
ques.

Il y a vn bourg a deus lieus, (de la mefure du païs au deffus Engoulefme, fur la mefme riuiere de
Charente, qui f'appelle Vars: duquel lieu le feigneur
eft l'euefque d'Engoumois, quiconque foit ceftui
là. Auprés de ce bourg, & dela part d'orient, en vn
champ que les beufs auoient labouré cent mile fois,
ainfi que le bon homme laboureur vouloit fere vn
fouffé, l'an mil cinq cens quarante, & le jour vingt-
cinquiefme de Ianuier, il trouua vn monument de
merueilheufe eftofe & façon, comme vous me
confefferiés, fi auiés le loifir d'ouir de moi ce, qu'on
m'en ha compté: pour lequel ouurir, & tirer hors
les groffes pierres, qui eftoient en icellui, touts les
marteaus, leuiers, barres de fer, cordes de cloches,
les plus forts & habiles falots du bourg furent appellés aueque les officiers du feigneur euefque. Car
que fçauoit on, que pouuoit eftre ce baftiment en
terre? & quand c'euft efté quelque grand trefor, le
feigneur n'en euft efté marri, en mon aduis. Au
font, d'icellui on trouua vn cofre de plomb, & dedans icellui vn corps d'homme couché la tefte vers
l'aquilon, & force crapaus, les plus beaus qu'on
fçauroit guere voir, comme m'ont dit ceus, qui vi-

m

rent le paſſetemps, qu’en eut la compagnie a les
voir ſauter ſur la pale. On tira ainſi premierement
dela dedans tout ce venim : puis on ſe print a cõ-
templer ce corps, lequel ſe monſtra aſſés entier du
commancement qu’on ouurit ſa maiſon : mais il
n’eut pas longtemps veu l’air, qu’il s’en alla tout en
poudre excepté les os, leſquels vous euſſiés peu
encores aujourdui trouuer entiers, tous, ou pour le
moins la plus grand part : quand le pauure peuple
en euſt eſté creu, qui ſoudain commança a les re-
uerer, & le tombeau auſſi, diſant (deuinés comme il l’auoit deuiné) que c’eſtoit là le tombeau &
corps de ſaint Iaque, ie ne ſçai ſi du petit ou du grand
ſaint Iaque apoſtre de Ieſuchriſt. Ainſi ſe pouuoient
meſcompter les pauures gens, qui faiſoient vn maſ-
le de ce qui reſſembloit quaſi plus a vne femelle,
comme m’ont dit ceus, qui en ont veu le chef : deſquels j’ay dauantage entendu, que le perſonnage
duquel eſtoient ces os, ſeroit de moienne ſtature,
s’il viuoit aujourdui entre nous. Là n’y eut pierre,
qui ne fuſt ſoigneuſement viſitee, pour voir ſi l’y auroit rien eſcript : & ſi fut toute la poudre, qui ſe
trouua en ce tombeau, fort bien ſecouëe & eſuen-
tee : en laquelle voicy qu’on trouua, Sur la partie,
& a l’endroit, (comme on m’a dit) ou nature a mis

le cœur en nos corps, vne peitte feilhe d'or pliee en
rond, comme vn fer d'aiguilhete : en laquelle des—
pliee on trouua escript ce que verrés cy apres. Ie
estois en ce temps là a plus de vint ou trente lieus
d'Engoumois, en vne Vniuersité, ou fut apportee
ceste feilhe d'or, pour monstrer aus clercs & do—
cteurs de là, si quelqu'un des plus fins y pouuoit rien
deuiner : & ainsi par le moien d'un mien ami, eu la
veuë d'elle. Elle estoit de fin or, & ne poisoit plus
de demi ducat, plus longue que large, & plus large
d'un bout que d'autre. On la despuis portee a la
court, & par l'euesque fut finalement presentee au
Roy François, & de là ne sçay qu'elle est deuenuë.
peut estre que ledit euesque, qui est encores vi—
uant, vous endroit des nouuelles, si luy demandi—
és. Or voici donques qu'il y auoit graué, ou estam—
pé pour mieus dire, les lettres paroissant des deus
coustés a cause, que ladite piece estoit deliee.

m ij

Voy-uous la en fept lignes, fept lettres, qui font
les fept vocales Gregeoifes, en la premiere ligne di-
fpoufees d'ordre, comme elles font en leur Alpha-
bet entre les autres: en la fegonde ligne couchees
tout au contrebouts, la premiere la derniere &c.
En la tierce ligne la lettre fegonde en la premiere ligne, eft la premiere, & les autres la fuiuent d'ordre.
En la quatriefme la fegonde aufsi de la ligne fegonde eft la premiere, & les autres apres elle en leur ordre. La cinquiefme ligne commance par la tierce
lettre de la premiere: & la fiziefme femblablement
par la tierce de la fegonde. Bref la lettre, qui fait le
meilheu des deus premieres lignes eft la premiere
de la feptiefme ligne, & ainfi fe trouue finalement la
fin & commancement au meilheu, c'eft o, qui eft

n de la premiere ligne & commancement de la feconde. Vous aués en chacune de ces sept lignes
toutes lesdites sept vocales, & lesdittes sept lettres
us commancements desdites sept lignes. Vous
oterés aussi en ce meslinge plusieurs autres finef-
es, outre ce que les Pythagoriens ont dit du nombre de sept, qui prins sept fois fait xlix. lettres en
ce quarré: & voudroie bien, que me peussiés dire,
que signifie ceste escritture: toutefois je vous prie ne
vous opiniastrer trop a vouloir deuiner que c'est: car
cela n'auroit esté fait pour autre cause que pour
donner à songer aus gens: si celui ou celle, qui l'a
fait & composé, vous voioit trauailler là pour he-
nt, il ou elle se pourroit rire, & moquer de vous,
dont ne seriés contant, si l'entendiés, ni moy aussi,
qui vous aime

La maniere d'entoucher les Lucs & Guiternes.
Chap. 21.

Y a diuerses sortes d'instruments de Musique desquels les vns sont a flustes, les autres à cordes. A flustes, comme la trompette & les orgues.
A cordes, comme l'espinette & le luth. Des cordes les vnes se sont de metaus, comme de fer &
de leton, les autres de boiaus. On les fait pre-

mierement de nerfs: dont nous voions que les anciens aucteurs Gregeois & Latins appellent sou-
uent nerfs les cordes de leurs lyres & cythares: mais
on a finalement aprins a les faire de boiaus de brebis & d'autres animaus, que si vous me demandiés
en quel temps, ie ne sçaurois le vous dire pour cet
heure: car il ne me souuient en auoïr leu aucune
mention, fors vn epigramme Grec, au premier liure des epigrammes Gregeois: & si ne sçai par qui
a esté fait ledit epigramme, ni combien il peut auoïr
qu'il a esté fait. Les instrumments où nous vsons (en
ce païs) de ces cordes de trippes sont la Viele, le
Rebec, la Viole, le Luc & la Guiterne: desquels les
trois premiers ne sont que pour chanter & jouer v-
ne partie: mais la Guiterne en peut jouer seule quatre, & le Luc aussi quatre (qui est presque toute la
Musique du monde) & dauantage pour autant que
nostre Luc a sis & sept cordes, la où la Guiterne n'en
a que quatre pour sept, sis pour onze, & sept pour
trēze, a cause que l'on met deus cordes pour vne par
tout, fors au son le plus haut, qu'ils appellent la chan-
terelle, là où je ne vy jamais qu'vne seule corde.
Ainsi demeura la Viele pour les aueugles: le Rebec
& Viole pour les menestriers: le Luc & Guiterne,
pour les Musiciens, & mesmement le Luc, pour sa

plus grande perfection:duquel en mes premiers ans
nous vsions plus que de la Guiterne : mais despuis
douze ou quinze ans en ça, tout nostre monde s'est
mis a Guiterner, le Luc presque mis en obly, pour
estre en la Guiterne ie ne sçay quelle Musique, & i-
celle beaucoup plus aisée que celle la du Luc, comme vous disent les Gregeois,

    Les choses tant plus que sont belles
    Plus a les auoir coustent elles.

en maniere que trouuerés aujourdui plus de Gui-
terneurs en France, qu'en Espagne. Or je me suis
autreffois mis a chercher si ceste Guiterne n'auoit
point eu de nom & d'usage en la Grece & Italie anciennement, mais je n'en ay encores peu rien sçauoir, que je voulusse asurer. Ie vous diray seulement qu'elle ressemble fort le tetracorde de Mercu-
re (tetracorde signifie vn instrument de quatre cordes) duquel parle Boëthe au premier liure de la Musique. Et quant est du nom, je sçay qu'il y a des
gens qui l'appellent Guiterre, & quelqu'un Quin-
terne, je ne sçay pourquelle raison : mais moy, ainsi qu'on me l'a premierement nommée, & que maistre Pierre l'appelle en sa grand fieure, respondant
a propos a son fascheus de drapier, qui ne voulut
croire que vesies fussent lanternes:

Sus toſt la roine des Guiternes.
A coup que me ſoit approchée,
Ie ſçay bien qu'elle eſt accouchee
De vingt & quatre Guiternaus:
Enfans à l'abbé d'Iuernaus.

I'ay veu homme, qui l'ayant ouy nommer Gitarra
aus Eſpagnols, m'a voulu fere croire que c'eſtoit la
Cithara des anciens Gregeois: mais la figure de la
Cithara, qu'on nous donne de ſaint Hieroſme eſt
moút diuerſe de cete icy. Le Luc auſſi n'eſt aiſé a
recognoiſtre, qu'il aïe eſtéprins des anciens: combien que celui qui m'a tenu ce propos de la *Cithara*
m'aïe auſſi prié de croire que Luc eſt fait de Lyra, lequel nom de lyra ne ſe doit prononcer comme faiſons communement *lira*, ains *lura*, & que nous a-
ïons autrefois dit lure, puis Lur, & finablemét Luc,
& Lut auſſi, mais cela depuis qu'auons plus eſté ſtu-
dieus du langage d'Italie que du noſtre propre. Car
nos peres nous ont aprins a dire Luc non Lut, teſ-
moin le petit mot de gueule des bons compagnons,
qui diſent, que madamoiſelle ſçait fort bien iouer
du ꝙ renuerſé. Autres y a qui diſent que Luc
vient du Grec *Chely*, ou *Chelus*: mais leſſons là &
la Lyre, & la Cheſe, & la Cithare, puis qu'elles ſont
ſi fort incogneue a nous, & ſi en leſſons pourtant
de muſi-

de musiquer a noftre belle & gente mode Gauloi-
ſe : pour laquelle chofe fere aueque plus grand plai-
ir, je veus icy pour la reuerence que ie doy a la Muſique, comme ſcience entierement diuine, & pour
l'amour que je porte aus Muſiciens, enſeigner à ceus
qui n'ont loiſir de s'arreſter a la philoſophie, comment ils pourront perfectement bien aſſeoir les touches ſur le Luc & Guiterne, en quoy je voy tous
les jours de grands fautes. I'ay mile fois eu honte
de voir que la faute, qui venoit des touches, qui n'eſtoient ou elles deuoient, faiſoit rougir voire des
plus expers joueurs de Luc & Guiterne & des ap-
prantis & peu auancés, combien & quanteſfois, en
ay je veu, qui eſtoient les plus empreſſés du monde
a auoir raiſon de leur inſtrument, qui n'eſtoit rebelle, que de celle part? mais diſons.

Il faut donques premierement entendre, que
noſtre Muſique de France, d'Italie, d'Eſpagne, &
d'autres nos voiſins eſt de la façon approuuee de Pla-
ton en ſa republique, c'eſt a dire, que tout ce que
chantons, eſt de tons & demi tons : comme voy-
yés en noſtre, Vt, re, mi, fa, ſol, la, choſe fort propre & bien trouuee pour cet affere quiconque ſoit
l'inuenteur deſpuis mile ans en çà. Ces ſyllabes là
priſes (ce me de dit on) de l'hymne,

n

Ut queant laxis Resonare fibris , Mira gestorum
  Famuli tuorum, Solue polluti Labÿ reatum , &c.
me nommoit vois mon maistre en chanterie : mais
nous les pourrons aussi bien appeller sons, entre lesquels sis sons , y a cinq entredeus, que les Latins
nomment interualles , comme entre les dois de la
main n'y a que quatre interualles , qui est, vn moins
que le nombre des dois, qui sont cinq. *Ut* donques
est vn son, *Re* vn autre, *Mi* vn autre & le tiers: *Fa* le
quatriesme, &c. *Re* est plus haut que *Ut*, & l'interual-
le, distance, ou difference de l'vn à l'autre , s'appelle
vn Ton.   Entre

6	*La,*	Ton
5	*Sol,*	Ton
4	*Fa,*	Ton
3	*Mi,*	Demi Ton
2	*Re,*	Ton
1	*Ut,*	Ton

Re & *Mi* semblablement y a vn ton, entre *Fa* &
Sol, vn autre, qui sont trois tons : *Sol* & *La,* vn autre , qui fera le nombre de quatre tons entiers : au
meilheu desquels entre *Mi* & *Fa,* y a vn demi ton.
Voila quatre tons, & demy , que comprennent les
cinq interualles des sis vois , *ut , re, mi , fa, sol, la.*
Ces sis vois icy ainsi que se trouuent aueques leurs

dites interuales plusieursfois mises, & reprinzes en noftre Gamme, ainfi font elles es inftruments muficaus, & plus aifeement au Luc & Guiterne, qu'en la Harpe & quelques autres. Pour cefte aifance donques & perfection le Luc & Guiterne ont le col (le col, le manche, la poignee l'appellent on) diuifé tout en demi tons par des cordes qui ceinturent ledit col, comme fi elles eftoient là pour le ferrer & en garder de fendre, lefquelles on appelle touches, pour ce que quant vous joués de l'inftrument, la corde que vous batés de la main droite, vous la touchés de la gauche fur quelqu'une defdites cordes, & felon lefdites touches fe font diuers fons. A ces touches icy on a donné de jolis noms en noftre Gaule, c'eft, A, B, C, D, E, F, G, H, I, K, L, M, N, qui font en fomme treze fons, faits & comprins en douze interualles : lefquels interualles font tous demi tons. Il eft vray que communement on ne paffe point I. Ce font donques ces demis tons, que vou ons icy enfégner nos François a bien poufer en l'inftrument, c'eft a dire, a bien diuifer le col du Luc & Guiterne, pour auoir là ces demis tons, tels qu'il faut pour la Mufique, ce que peu de gens fçauent bien faire.

Pour cecy fere doncques, faut que tu ayes vne

table fort bien planee & polie, de bois propre a
pourtraire, comme il se trouue du noier, cormier,
poirier, erable, & d'autre sorte : & sur ladite table,
par l'aïde d'vne fort iuste regle, tirer vne ligne droite de la longueur de la corde du meilheu de l'instrument. La longueur de ladite corde, tu la pourras
prendre par le compas, si tu en as vn, qui puisse s'ouurir d'un cheualet à autre, ou par la regle mesme, laquelle t'aura serui a fere ladite ligne, si tu mets vn
bout d'icelle sur le meilheu du cheualet & l'estens
tout le long de ladite corde du meilheu, & marques
de l'ongle le point, ou elle viedra se repouser sur l'autre cheualet, qu'aucuns appellent le batant, autres le
suilhet. Ainsi auras prinse la longeur de la corde
de ton instrument, & la transporteras sur la susdite.
Et prenons le cas que tu eusses fait, vne trop longue ligne, mais qu'en la longueur de ladite corde
couchee par la regle, en ladite ligne, soit comme
ceste cy. A O (Il nous faut ainsi fere pour plus facilement dire ce que voulons enseigner) tu feras de
petis points de congnoissance : vn au bout, ou est
A, & vn autre là ou est O : puis diuiseras icelle ligne
A O par la moitié, & feras vn point au meilheu, comme là ou est N. apres partiras ladite ligne A O en neuf
parties esgales aueque le compas, qui se fait aise-

O

N
M
L
K
I
H
G
F
E
D
C
B

A

ment en ceſte ſorte. Diuiſe la premierement en trois, puis l'vne de
ces trois en autres trois pars. tu auras ainſi la neufieſme partie de la ligne A O, laquelle neufieſme tu coucheras auprès d'A, mettant vn pié
du compas ſur le point d'A, & de
l'autre pié faiſant vn autre point ou
tu mettras C : & tu auras ainſi vn
ton entier, & le premier de l'inſtrument, après lequel on metras encores vn autre, en diuiſant la corde CO
en neuf parties, côme as fait A O, &
mettant vne de ces neufieſmes auprès de C, côme eſt C E : lequel eſpace C E eſt moindre que le premier
A C, a cauſe qu'il eſt neufieme partie
de la ligne CO, & A C neufieſme de la
ligne A O. laquelle eſt plus grande
que CO. Mets encores vn ton au
deſſus E, comme as fait les autres,
diuiſant la ligne E O en neuf pars,
& couchant vne de ces neufieſmes
auprès d'E, comme tu vois E G. Tu as en ceſte
ſorte trois tons l'vn auprès & après l'autre : lequel

peut eſtre auec vn demi ton dauantage, ſeront aſſés pour ton inſtrument. Adiouſte donques ce demi ton premierement: puis tu partiras tes trois tons
en demis en ceſte maniere. Pren la troiſieſme partie de la ligne A O, & la couche d'A vers O, elle viendra cheoir au point de H. Te voila vn demi ton de
O a H : & par ainſi as maintenant trois tons & demi
pour ton inſtrument, qui te feront ſept demi tons
entre huit ſons. Il ne reſte qu'a diuiſer les trois tons
premierement mis, pour laquelle choſe fere, com-
manceras au plus haut & tiers, qui eſt E G de ceſte
ſorte. Diuiſe la ligne A O en quatre pars, & marque
vne quarte partie du point A vers O, elle viendra
tomber entre E & G, au point de F, & te ſera deus
demi tons F E, & F G. Apres pour auoir les demi tons
de C B, diuiſe la ligne F O en huit pars eſgales, ſçauoir eſt premierement en deus moitiés, puis l'une
de ces moitiés, en deus autres moitiés, & finablement l'une de ces ſegondes moitiés en deus autres
moitiés, & l'une de ces icy, ſera la huitieſme partie
de la ligne F O, laquelle huitieſme partie (qui vaut
vn ton) tu coucheras deuant F, mettant l'une jam-
be du compas ſur le point de F, & eſtendant l'autre
uers A, lequel tombera entre C B, & diuiſant l'eſpace C B au point de D, te ſera deus demi tons D C, &

D B. Le semblable te faut faire pour partir A C, c'est
qu'il te faut diuiser la ligne D O en huit pars, comme
as fait F O , & coucher vne huitiesme deuant D, du
point de D deuers A, comme te monstre D B. Tu
as doncques (comme auons deuant dit) set demi
tons, lesquels si ne te suffisent, il t'en faut mettre d'a-
uantage au dessus de H vers O. & prenons le cas qu'il
faille accomplir la moitié de la corde : il faut donques diuiser la ligne H O comme faisons premierement A O, C O , B O, G O, en neuf parties, & mettre
vne neufiesme au dessus de H , comme est H K. puis
partir K O de mesme sorte , & mettre au dessus de
K vne de ces neufiesmes, comme est K M , & tu auras par ce moien deus tons, l'un de H A K & l'autre de
K A M, lesquels tu diuiseras en demis par tel moyen,
qu'as fait les deus pres de A en ceste sorte. Diuise
la ligne N O en huit parties esgales , & mets dessous
N vne de ces huitiesmes , comme est N L. par cest L
est K M diuisé en deus demitons. Partis aussi L O en
huit pars, & mets vne huitiesme dessoubs L comme est L I, tu auras H K diuisé en demitons par cet I
là. Or ce qui reste de M A N est vn demi ton: parquoy
tu as la ligne A N diuisée en douze parties , qui sont
toutes demi tons, qui est plus que ne vis jamais en
nos Lucs. toutesfois qui voudroit passer encores

plus auant, il faudroit faire de la ligne N O, tout ainſi, qu'as fait de toute la ligne A O, c'eſt à dire diuiſer
premierement ladite ligne N O par la moitié: puis y
mettre trois tons au deſſus de N, & le reſte comme
deuant. Ceſte ligne A O, ainſi partie comme auons
monſtré iuſques icy, il te faut le compas eſtendre
du point d'A iuſques au point de B, & tranſporter cete eſpace ſur le manche de ton Luc ou Guiterne,
mettant vn des piés de ton compas au cheualet, qui
eſt au bout du manche, & l'autre pié l'eſtendant ſelon la corde du milheu de l'inſtrument vers la roſe,
& faire là vn petit point, & touteſſois ſi grãd au beau
meilheu que touſjours apparoiſſe. Là eſt la place
de B en ton inſtrument a tout jamais: fais le ſemblable de C, de D, & des autres points marqués en ladite ligne : tranſporte les tous aueques le compas ſur
le manche de tõdit inſtrument : marque le tout de
ces petits points : apres cela, mets des touches par
tout ſur leſdits points, ton Luc, ta Guiterne, ne te
faſchera jamais par les touches, leſquelles pourras
remettre en leur place, quand bon te ſemblera, ſi
d'aduenture elles ſe ſont remuees en quelque ſorte,
ou as toy meſme eſte forcé de les remuer de leur place, comme quant aucuneſſois on rencontre des cordes faulſes. Que ſi quelqu'un me diſoit qu'en ce

compaſſe-

compaſſement y a quelque faute, a cauſe que les cordes & la table de deſſous icelles, ne ſont du tout de pareilhe longueur : je luy reſpons que là faute qui peut y eſtre, eſt ſi petite, que l'oreilhe ne la pourroit ſentir. Voila comment, ſelon l'ordonnance des Pythagoriens, deuons marquer les tons & demi tons ſur nos inſtruments : & ſeroit fort bon, que ceus qui font leſdits inſtruments ordonnaſſent ainſi & marquaſſent vn chacun inſtrument: mais ils ne ſçauent ceſte maniere, ni quand la ſçaurojent, ne voudrojent prendre ceſte peine, comme je me doute : ains ſe contentent du jugement de leur oreilhe, qu'ils ont la pluſpart mal curée & mal ſaine, leur ſuffiſant qu'ils ſe puiſſent défere de leur ourage tellement quellement appointé. Touteſſois je ſuis aſſuré, que ſi vne fois ils auojent comprins cet art, & aprins ce chemin de bien faire, qu'ils n'i trouuerojent grand peine, & ſerojent bien marris de vendre inſtrument, qui ne fuſt ainſi accouſtré. Dauantage le compaſſement d'un inſtrument peut ſeruir a pluſieurs qui ſeront de meſme grandeur, & pour ceſte raiſon, ſe garder en la boutieque à jamais. Mais je feray bien dauantage pour les plus empreſſés delicats & pareſſeus : l'obtiendray de ce grand Muſicien Ariſtoxene, vne diſpenſe, contre les tant ſubti-

les, & refonantes raifons de Pythagoras & les fiens:
& ferons vn petit pourtrait fur vn banc, fur vn cofre,
& mieus fur quelque table de bois ; qui fera beaucoup plus jufte, & nous feruira beaucoup mieus &
plus promptement a tout jamais que nos tant mal-
affurees oreilhes, a mettre les touches a tous Lucs
& Guiternes du monde , de quelque grandeur
qu'ils foient.

Aïe moy donques vne table quarree de tel bois
& ainfi paree qu'auons dit deuant, affés efpoiffe, affin qu'elle ne fe iette facilement, longue vn peu plus
que la corde du plus long Luc, qu'on face, & large
la moitié de cela pour le moins, & me tire le long di-
celle a vn doy ou deus du bort, aueque la pointe de
ton couftelet vne ligne, la plus prime que pourras,
pourueu qu'elle fe puiffe voir aifement: mais tu
m'entendras mieus aueques vne figure. Pren donq
le cas, que ton bois foit A B C D, tu titereras deffus
vne ligne, comme E F a deus dois du bout A B ; qui
ne viendra du tout jufques aus deus bouts A D & B C,
ains n'en aprocheras plus que de deus ou trois dois.
fai des petis points aus deus bouts d'icelle, & comme as veu deuant qu'auons poufé les trois premiers
tons fur la ligne A O , diuife cet E F en neuf parties efgales, & couche vne de ces neufiefmes de E

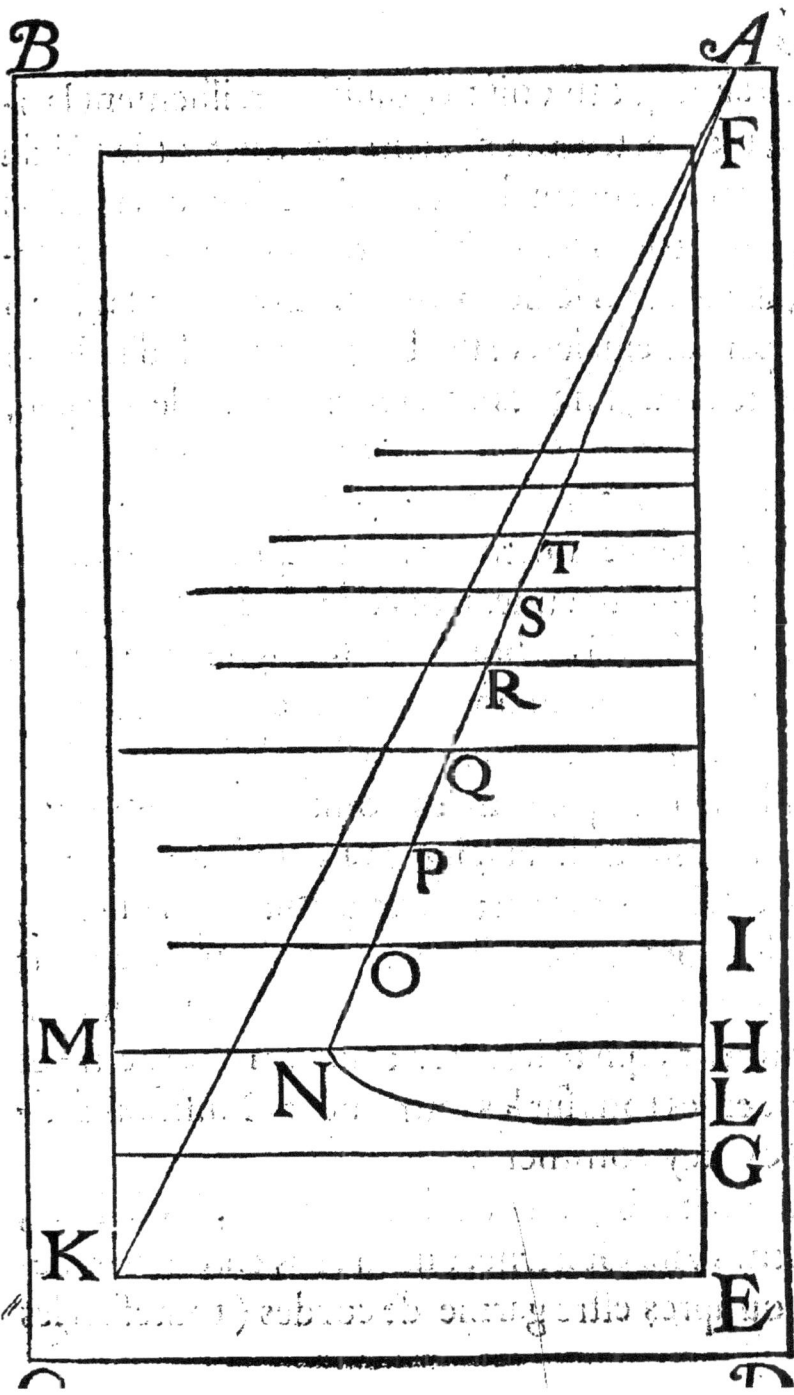

vers F ainſi que tu vois E G, diuiſe pareilhement la ligne G F en autre neuf parties, & mettant le pié du
compas ſur le point de G eſtendant l'autre vers F, fais
le ſegond ton G H. Parti de rechef H F en neuf parties, & tu auras le tiers ton H I. Diuiſe I F auſsi en
neuf parties eſgales, & finablemēt toute ladite ligne
en ceſte ſorte, iuſques a en reſter aupres de F, ſi peu,
qu'il ne ſe face Guiterne, ſi petite, qui n'aye la corde
deus fois auſsi grāde pour le moins, que ce reſte là.
Tu auras par ce moien ſur ladite ligne grand nombre de tons tous entiers, & ce fait, reūiens a E, & par
ſon point (c'eſt l'un bout de ladite ligne, tire vne ligne a angle droit, qu'on dit autrement quarré, cōme
tu vois E K qui demourera a vn doy du bort C D. Tire
ſemblablement par tous les points de tes tons G H I,
& les autres plus hauts, lignes a pareil angle, qu'as
fait E K. (elles ſeront par tel art paralleles a ladite E K)
auſsi longues que E K, ſi tu veus, mais qui viennent
pour le moins iuſques au diametre F K & tu auras vn
inſtrument, qui te ſeruira a tout jamais a mettre &
marquer les tons ſur les inſtruments Muſicaus ſuſdits & voicy comment.

Tu as fait la ligne E F de deus ou trois piés de long,
mais tu as vne Guiterne, que tu veus entoucher (deuant ou apres eſtre garnie de cordes (toutefois les

touches se mettroient plus aiseement les premieres)
qui n'a pas vn pié & demy de corde : pren ta regle,
& la couche sur sa ligne par le meilheu de ladite Guiterne, d'un cheuallet a autre. Pren ainsi le plus justement que pourras, la distance de l'un à l'autre,
touchant d'un bout de la ligne de ladite regle, le cheuallet du manche, & de l'autre bout, si la regle
passe outre, là ou elle viendra a toucher le cheuallet
du font, marquant d'un petit point d'ancre, ou de
quelque autre couleur : puis transporte ta regle sur
ton pourtrait, le point qu'as fait en icelle, sur le
point f, & le bout qui touchoit le cheuallet estendu
vers e. Que si lors ce bout de la regle venoit à tomber justement sur vne des paralleles, qui sortent tons
de trauers de ladite e f, il ne resteroit que prêdre les
tons en ladite regle pour les transporter sur ta Guiterne : mais cela ne rencontrera de cent fois l'une,
sinon que quand tu as fait ta Guiterne, auant que
coller le grand cheuallet, tu aïes prins la mesure de
la corde sur la ligne e f, qui se pourra fere, qui voudra aiseement. Que le bout donques de la regle vienne cheoir entre deus paralleles, comme tu vois icy
f l. il te faut en tel cas mener le bout de ta regle vers
e b, en mode de compas, tant qu'il vienne cheoir
en celle ligne des paralleles, qui estoit la plus pres au

deſſus de luy, comme tu vois F L eſtre venu rencon-
trer la parallele H M au point de N. Adonques te faut
treſ bien aſſeoir ladite regle, tant qu'a ce bout icy,
que du point d'en haut, puis veoir ou les cinq ou ſis
paralleles prochaines dudit bout N, touchēt a ladite
regle, & en la ligne d'icelle marquer d'ancre, ou de
quelque autre choſe, les ſuſdits tons (il ſeroit bon
auoir a cecy vne regle propremēt auallee d'un couſté comme tu vois icy O P Q R S T, & cecy fait tranſporter ladite regle ſur ta Guiterne, là ou tu l'auois
premierement meſuree, & par le meilheu du long
du manche d'icelle, fere des points ou viendront a
choir les marques deſdits tons comme a eſté dit deuant : & par ce moiens auras les tons entiers requis
pour ta Guiterne, qui ſeront quatre ou cinq pour le
plus, qu'on y en met. Ces tons mis & marqués, &
les touches poſees, (comme a eſté dit) tu mettras
entre chacunes deus d'icelles, vne autre touche pour
auoir les demi tons, ſuiuant l'auctorité du ſuſdit A-
riſtoxene, & auras ainſi ta Guiterne ſi juſtement en-
touchée, qu'il n'i a ſi bonne oreilhe de Pythagorien
qui y puiſſe ouïr faute aucune.
V O I L A que j'ay icy voulu dire de la maniere de
garnir de touches nos Lucs & Guiternes : que je
voudrois que ceus qui font leſdits inſtruments vou-

luſſent entendre (f'ils ne ſçauent mieus (& enrichir de cela leur marchandiſe, au grand plaiſir & ſoulagement de ceus, qui aiment ceſte Muſique. Ie ſçay bien, qu'il y a vne ſore de gens, qu'on appelle Mathematiciens, (je n'entens ces beaus deuins, ces gentils ſecretaires d'Auenture, & fins trompeurs, auquels l'Empereur donne la hart, *Codice de maleficis & Mathematicis*, car tels ne ſont rien moins que Mathematiciens,& ſont indignes de tel nom) qui ne croient legierement, & demanderoient icy qu'aſſuraſſe mon fait par quelque raiſon de Geometrie, mais cela ſe fera ailheurs, ſil plait a Dieu. Ie ne veus eſtre icy trop long, ne fere paour aus ſimples aueque les rondelles, eſcus, piques, canons & pareilhes armes, ſans leſquelles perſonne n'auze ſortir dehors au païs de Geometrie. Il ſuſira pour ceſte heure, que le ſens qui comprant la Muſique, trouue bon ce que j'ay dit.

Acheué d'imprimer a Poitiers, le *13* de May *1556* par Enguilbert de Marnef.

www.ingramcontent.com/pod-product-compliance
Lightning Source LLC
Chambersburg PA
CBHW052117090426
42741CB00009B/1855